Beiträge zu
Kriminologie und Strafrecht

Band 3

Thomas Weipert

Lebenswelt Gefängnis

Einblick in den Jugendstrafvollzug mit Berichten junger Gefangener

Centaurus Verlag
Herbolzheim 2003

Thomas Weipert, geb. 1955, absolvierte ein Studium der Diplom-Pädagogik an der Universität Tübingen, eine Fortbildung in systemische Beratung sowie eine Zusatzausbildung in Konfliktschlichtung (Täter-Opfer-Ausgleich). Seit 1982 ist er in der Ausländer- und Jugendhilfearbeit, seit 1987 in der Jugendgerichtshilfe beim Kreisjugendamt Heilbronn tätig.

Die Deutsche Bibliothek – CIP-Einheitsaufnahme

Bibliographische Information der Deutschen Bibliothek
Die Deutsche Bibliothek verzeichnet diese Publikation in der Deutschen Nationalbibliographie; detaillierte bibliographische Daten sind im Internet über http://dnb.ddb.de abrufbar.

ISBN 3-8255-0404-2

ISSN 1610-9538

Umschlagabbildung: David Weipert
Satz: Heinz Schörk, Heilbronn
Umschlaggestaltung: DTP-STUDIO, Antje Walter, Hinterzarten
Druck: primotec-printware, Herbolzheim

Ich kann niemand besser machen
als durch den Rest des Guten,
das in ihm ist.

Immanuel Kant

Inhalt

Aufbau des Buches:

Dieses Buch handelt von Jugendlichen*) im Gefängnis, von jungen Straftätern, die eine Gefängnisstrafe in einer Volllzugsanstalt verbüßen müssen.

Das Buch ist in drei Teile gegliedert:

Im ersten Teil wird eine kurze theoretische Einführung in das Thema gegeben und es werden folgende Bereiche skizziert:

1. was ist unter Jugendkriminalität zu verstehen ?
2. wie kommt man überhaupt ins Jugendgefängnis ? und
3. wer oder welcher Personenkreis ist eigentlich im Gefängnis ?

Im zweiten Teil erzählen unterschiedliche jugendliche Strafgefangene unter dem unmittelbaren Eindruck ihrer Inhaftierung von ihren persönlichen Erlebnissen, die sie im Gefängnis momentan machen und ihren Empfindungen. Es ist eine Sammlung von ganz verschiedenen Texten über ihre jeweilige Gefängniserfahrung. Schwerpunktthemen sind immer wieder Gewalt und Stress hinter Gittern, Drogen, Langeweile, Zusammenleben verschiedener Jugendkulturen, Hineinwachsen in kriminelle Gefängnissubkulturen und andere typische Alltagsbegebenheiten in den Haftanstalten.

Die Berichte sind so geordnet, dass sie den Bogen vom Anfang im Jugendgefängnis über klassische Erfahrungs- und Alltagsbausteine dort bis hin zur Entlassung und zum Rückfall zu beschreiben versuchen. Der Focus von allen Mitwirkenden ist darauf gerichtet, einmal ungeschminkt und authentisch den Gefängnisalltag zu zeigen. In diesem Alltag hinter Gittern werden die traditionellen juristischen und pädagogischen Hoffnungen auf Besserung der Gefangenen durch eine Gefängnisstrafe zumeist in ihr Gegenteil verkehrt.

Im dritten und letzten Teil werden die Problemfolgen des Jugendstrafvollzuges und mögliche Konsequenzen erörtert, im Anschluss daran in einer kurzen Zusammenfassung der biographische und kriminologische Hintergrund der Jugendlichen, die im Buch zu Wort gekommen sind, skizziert.

---

*) unter „Jugendlichen" ist hier die Altersgruppe der (zum Zeitpunkt der Straftaten) 14 – 20-Jährigen zu verstehen, da auf diesen Kreis in der Praxis mehrheitlich auch das Jugendstrafrecht angewendet (und ggfs. Jugendstrafe ausgesprochen) wird.
Im klassisch-rechtlichen Sinne umfasst der Begriff „Jugendliche" die Gruppe der 14 – 17-Jährigen, während die 18 – 20-Jährigen als „Heranwachsende" bezeichnet werden.

Als Pragmatiker der Sozialarbeit möchte ich einen Überblick und Einblick in das Thema Jugendstrafvollzug geben für alle Interessierten, insbesondere für Betroffene und für junge Leute, die sich im Rahmen von Schule oder Jugendarbeit mit diesem Thema neugierig auseinandersetzen möchten und für all diejenigen, die mit dem Umfeld Jugendstrafvollzug beruflich in irgendeiner Weise zu tun haben. Das Buch soll alle ermutigen, die Notwendigkeit von Reformen im Jugendstrafvollzug zu erkennen und diese auch umzusetzen. Es ist kein Fachbuch mit wissenschaftlichem Anspruch für Theorieexperten. Für die Praxisberichte gilt, dass hier die persönliche und örtliche Wahrung von Anonymität und Datenschutz der Betroffenen oberstes Gebot war. Jeder der Jugendlichen, die hier zu Wort kommen, hat die Gewissheit, dass keinerlei Rückschlüsse auf seine Person und Geschichte möglich sind.

Die Texte stammen von ganz verschiedenen jugendlichen Gefängnisinsassen aus vier verschiedenen Haftanstalten und verschiedenen Zeiträumen im Jahre 2002. Die verwendeten Fotos und Auszüge aus Urteilen und Anklageschriften beziehen sich nicht auf die im Buch zu Wort kommenden jugendlichen Inhaftierten.

Zur Entstehungsgeschichte dieses Buches:

Als jemand, der seit vielen Jahren beruflich mit jungen Straftätern und jungen Inhaftierten zu tun hat, schockierten mich in der letzten Zeit immer mehr die Erlebnisse und Vorkommnisse, die mir aus Jugendgefängnissen bekannt und berichtet wurden.

Aufgerüttelt und betroffen von „gebrochenen Seelen“ und von gebrochenen Nasenbeinen im Jugendknast, von zunehmender Brutalität Jugendlicher im Gefängnis, von verfeinerten und zugelernten kriminellen Kenntnissen, von Drogen und von jungen Russen, von hoher Rückfallquote entlassener jugendlicher Straftäter und ähnlichem, wollte ich einmal den Blick intensiver hinter die Kulissen und Mauern von Jugendstrafanstalten richten.

Jugendstrafanstalten stehen im Regelfall im Windschatten der öffentlichen und politischen Diskussion. Was letztlich innerhalb der Mauern passiert, interessiert eigentlich keinen, Hauptsache es bleibt dort ruhig.

Ich ging davon aus, dass die Betroffenen selbst eigentlich sehr viel zu erzählen haben aus ihrem von der Alltagswelt abgeschotteten Leben hinter Gittern und Gefängnismauern. Jenseits der üblichen Räume, wo wir sonst etwas über junge Inhaftierte erfahren, also beispielsweise in den Medien, als Gegenstand wissenschaftlicher Betrachtung in Fachbüchern, in Besuchsräumen von Vollzugsanstalten, in Gerichtssälen und ähnlichem, gibt es eine andere Welt für sie, in der sich ihr tatsächlicher Alltag, fern ab unserer sonstigen Betrachtung, sei es als Laie oder Fachmann/ -frau, abspielt und ereignet. Hierauf war ich neugierig und nahm mir vor, mich diesem Thema zu nähern. Mein erster Schritt war der, dass ich jugendliche Gefängnisinsassen, die ich persönlich kannte, für die ich aber beruflich aktuell nicht mehr zuständig war, ansprach und sie aufforderte, aus der Vielfalt ihrer Gefängniserlebnisse einiges von dem aufzuschreiben, was ihnen wichtig erschien. Insbesondere interessierte mich der „wirkliche Gefängnisalltag“ und ob und wie sich Jugendliche dort mit der Zeit verändern.

Ich wollte sie durch den Prozess des Aufschreibens ihrer inneren und äußeren Erlebnisse gleichzeitig auch in einen Prozess der Selbstreflexion bringen. Indem sie beispielsweise ihre Erlebnisse aufschreiben, treten sie in einen Auseinandersetzungsprozess mit sich selbst und ihrem bisherigen Werdegang und ihrer Zukunft – vielleicht auch selbstkritisch – ein.

Meine bisherigen Erfahrungen zeigten mir doch immer wieder in erschreckender Deutlichkeit, wie wenig bis gar nicht diese Jugendlichen eine solche Auseinandersetzung mit sich selbst und ihrem Leben in aller Regel führen. Der Versuch, Jugendliche zu Selbstberichten zu animieren, gelang jedoch nur bei einem Teil der Inhaftierten, die hier zu Wort kommen und zwar aus drei Gründen:

1. Zum einen ist das Gefängnis eine Welt, die in ihrem Alltag und in ihrer Unwirtlichkeit solche Prozesse in keinster Weise anregt und befördert und deren sozialer Kontext solches eher noch verunmöglicht.
2. Zum andern liegt es in der Regel an den jugendlichen Insassen selbst, die entweder eine solche Form der Beschäftigung mit sich selbst nie gelernt haben und Papier, Schreibstift und einer schreibenden Innenschau quasi hilflos oder ablehnend gegenüber stehen bzw. mit einer solchen einfach nichts anfangen können.
3. Bei den von mir angesprochenen Jugendlichen zeigte sich demzufolge auch, dass der größte Teil von ihnen zumeist über keine abgeschlossene, oder wenn, dann in der Regel niedrige Schulbildung verfügte.

Die von den Jugendlichen im Gefängnis selbst verfassten Texte wurden deshalb ergänzt durch Gespräche mit ihnen, die ich bei Haftbesuchen auf Tonband aufgenommen und dann zu Papier gebracht habe. Beim nächsten Gefängnisbesuch wurden sie den „Autoren“ zum Durchlesen gegeben und es wurde ihr Einverständnis über die Echtheit von Form und Inhalt „ihres“ Berichtes eingeholt. Die Bereitschaft aller zu einer solchen Mitarbeit angesprochen Jugendlichen war recht groß. Der Gesprächsinhalt, die Ideen, Themen und all das, was hier im Buch zu Papier gebracht wurde, stammt direkt aus den Erzählungen der Jugendlichen. Natürlich wurden die Berichte durch Nachfragen von mir auch mit beeinflusst; handlungsleitend war aber immer die Aufforderung an die Befragten, das zu berichten, was sie in ihrer momentanen Situation, in „ihrer“ Erlebniswelt Gefängnis beschäftigt.

Allen Jugendlichen wurde zu jeder Zeit von mir strengste Anonymität und Datenschutz zugesichert, damit niemand Rückschlüsse auf ihre Person ziehen kann. Hierdurch wurde ausgeschlossen, dass die Betroffenen weder durch die Anstaltsleitung, die Justiz oder durch Mitgefangene irgendwelche Nachteile und Repressalien zu erleiden haben. Die Auswahl der zu Wort gekommenen Jugendlichen war natürlich einer gewissen Beschränkung und Zufälligkeit unterworfen. Ich konnte und wollte bewusst nur solche Jugendlichen zur Mitarbeit ansprechen, die ich persönlich kannte und die mir einen Vertrauensvorschuss entgegenbrachten.

Aus der großen Bandbreite von jungen Inhaftierten in Deutschland habe ich nur eine ganz kleine Auswahl treffen können, d. h. also nur solche, die ich persönlich gut kannte und die im Jahre 2002 auch tatsächlich inhaftiert waren. Es handelt sich also um eine relative und subjektive Auswahl von jungen Gefängnisinsassen, deren Geschichten und Aussagen sich durchaus verallgemeinern lassen können, da auch von diesen wenigen Jugendlichen viele allgemein gültigen Themen und Erlebnisse im Jugendgefängnis berichtet werden. Im thematischen Vordergrund stehen ausschließlich Berichte zur Alltagsrealität des Jugendstrafvollzugs und ihrer Auswirkung auf die Insassen. Bewusst wurden wichtige Themen wie der biographische Hintergrund der Täter, die Thematisierung ihrer Verantwortlichkeit für Straftaten und Opferperspektiven, d. h. das Denken an die Geschädigten, ausgeklammert, um das gewählte Schwerpunktthema nicht zu überfrachten.

Das vorliegende Buch wäre dann ein kleiner Erfolg, wenn es dazu beitragen könnte, dass die Gesellschaft und alle in der Jugendgerichtsbarkeit tätigen Fachleute die harte und oft brutale Welt hinter Gittern endlich so sehen wie sie ist und viel zurückhaltender und bewusster als bislang zum Verurteilungsmittel der Jugendstrafe ohne Bewährung greifen und die Produktionsstätten für neue Täter- und Opfertypen durch individuelle und sozialpolitische Ressourcenstärkung und andere kreative Modelle ersetzen, soweit dies möglich ist.

Mein Dank gilt all denen, die sich im Gefängnis zu einer so offenen Mitarbeit an diesem Buchprojekt bereit erklärten und viel persönliches von sich und ihrer augenblicklichen Situation hinter Gittern erzählten.

Teil 1

Jugendkriminalität

Jugendkriminalität oder – wie man in Fachkreisen auch sagt – Jugenddelinquenz ist seit geraumer Zeit wieder in aller Munde.

Statistik/ Zahl der Verurteilten auf Rekordhöhe

„Immer mehr junge Straftäter"

*Jeder Sechste unter 21 Jahre alt *)*

Polizeiliche Statistiken, Berichte in den Medien, aber auch eigene Erlebnisse unter Jugendlichen deuten, manchmal schlagzeilenträchtig (*), darauf hin, dass die Kriminalität von jungen Leuten in den letzten Jahren stark zugenommen hat. Insbesondere das Massendelikt Ladendiebstahl, aber auch Gewalttaten und Verstöße gegen das Betäubungsmittelgesetz (Drogendelikte) werden hier besonders aufgeführt.

„Gewaltbereitschaft von Jugendlichen steigt" *)

Ob es sich bei den vorgelegten Zahlen, wie oft behauptet, um dramatische Zuwächse handelt oder nicht, darüber kann nur die kriminologische Wissenschaft Auskunft geben.

Eine solche ist in ihrer Analyse und Interpretation von vielerlei Faktoren mitbestimmt wie etwa demographischen Einflüssen (Bevölkerungsentwicklung), den jeweiligen polizeilichen Ermittlungstätigkeiten, einer veränderten Anzeigenbereitschaft (seitens der Geschädigten), Dunkelfeldforschungen (das heißt viele Straftaten werden zwar begangen, aber nicht aufgedeckt) und ähnliches mehr.

Man sieht also schon an den wenigen genannten Beispielen, dass Jugendkriminalität zwar vordergründig ein recht eindeutiger, geschlossener Begriff zu sein scheint, der aber bei näherem Hinsehen alleine schon von der rein zahlenmäßigen Bewertung von vielerlei Faktoren mitbestimmt ist.

Insgesamt ist davon auszugehen, dass Jugendkriminalität in ihrer Gesamterscheinungsform in den letzten Jahren tatsächlich zugenommen hat und die Zunahme auch real ist, wenngleich sie oft öffentlich überzeichnet wird (1).

---

*) Schlagzeilen aus verschiedenen Tageszeitungen, 2001:
„Zahl der jungen Täter nimmt weiter zu"
„Zahl der jugendlichen Straftäter nimmt ständig zu"

Etwas leichter, wenngleich auch nicht eindeutig, verhält es sich mit dem Unterfangen, Jugendkriminalität in ihrer konkreten Erscheinung, Entstehungsgeschichte und Bedeutung zu erklären.

Auch hier gibt es ganz verschiedene Ansätze.

Michael Wandrey (2) beispielsweise, ein alter Praktiker der Jugendstrafrechtspflege, beschreibt Jugendkriminalität recht anschaulich in vier Teilbereichen (...„Jugenddelinquenz zerfällt, wenn man sie hinschmeißt, in vier Teile"...).

1. Ein großer Teil der Jugendstraftaten ist schlicht Ausdruck jugendlicher Unbekümmertheit, das heißt, es sind entwicklungsbedingte, episodenhafte, vorübergehende und insofern auch „normale" Erscheinungen des Jugendalters. Normübertretungen wie etwa Ladendiebstahl, kleinere Sachbeschädigungen oder Verkehrsdelikte ereignen sich im Kontext jugendlicher Lust an Grenzerfahrungen, Abenteuer, Ausprobieren und Austesten im Pubertätsverlauf und oft auch in Gruppen von Gleichaltrigen.

2. Daneben können Jugendstraftaten Ausdruck einer situativen Konfliktgeschichte, eine Art „sozialer Unfall" sein, die der Jugendliche im nachhinein so gar nicht gewollt hat. Stichworte sind hier Versuchungen, Eskalationen, Missverständnisse oder auch falsche Konfliktstrategien. Man kann hier an Jugendliche denken, die mit sich, in der Schule oder im Elternhaus vorübergehend Probleme haben, die vielleicht auch für einige Zeit Umgang mit „schlechten Freunden" pflegen; in solchen Krisen passieren beispielsweise Diebstahls-Serien, Autoaufbrüche, Drogeneskapaden oder auch Körperverletzungen.

3. Jugendstraftaten in ihrer schwereren Erscheinungsform sind aber auch Symptom oder Ausdruck für soziale Benachteiligung, misslungene Integration und gesellschaftliche Anomie mit einem häufig wenig ausgeprägten Unrechtsbewusstsein. Zu denken ist hier an jugendliche Modernisierungsverlierer, zunehmende Armut und Arbeitslosigkeit, Diskriminierung als Minderheiten, Bildung von „Gangs" und subkulturellen Milieus.

Straftaten finden dann Ausdruck beispielsweise in der illegalen Beschaffung von Markenartikeln („Jacken-Abziehen"), Kämpfe um Territorium, „Nazis, Punks oder Türken Klatschen" oder eine sich verfestigende Drogenproblematik.

4. Schließlich sind Jugendstraftaten zum kleineren Teil immer auch die Geschichte von Opfern, die zu Tätern werden. Hier finden wir jugendliche Biographien voller menschlicher Katastrophen, die unter anderem durch Gewalt, Missbrauch oder Entwurzelung gekennzeichnet sind. Diesen jugendlichen Tätern fehlt es in der Regel durchgängig an verlässlichen Beziehungserfahrungen

im Elternhaus bzw. in der Erwachsenenumwelt und sie können massive Auffälligkeiten bedingen, die in Serienstraftaten, Gewalt- und Drogenexzessen gegen sich und andere münden können.

Solche Jugendlichen bewegen sich häufig außerhalb von Elternhaus, Schule und Berufsleben in einer relativ ungesicherten und häufig perspektivlosen Existenz, in der sie sich selbst und andere durch ihre Straftaten gefährden.

Bewertung:

Die beiden erstgenannten Erscheinungsformen von Jugendkriminalität (normale Entwicklungsturbulenzen im Pubertätsalter und / oder bestimmte Konfliktsituationen) wachsen sich in aller Regel von alleine aus (Spontanremission) oder sie bedürfen angemessener, niedrigschwelliger erzieherischer Konsequenzen seitens des Elternhauses, der Jugendhilfe oder der Justiz zur Bewältigung.

Diese kurz skizzierte Form von Jugendkriminalität – und hierzu gehören etwa 85 – 90 % aller Fälle – birgt letzlich keine Brisanz *). Dies stellt zwar fast immer ein großes Ärgernis für die Gesellschaft, für Eltern, Lehrer und andere Erwachsene dar und bringt insbesondere für die betroffenen Jugendlichen auch viele Wirrungen, letztlich aber doch lehrreiche Erlebnisse und Erfahrungen für ihre weitere Entwicklung mit sich.

Die „wirkliche“ Jugendkriminalität , wie sie in den beiden letzten Teilen 3 und 4 skizziert wurde, ist die, bei der benachteiligte, persönlich instabile und sozial desintegrierte Jugendliche häufig mittelschwere bis schwer(st)e Straftaten begehen; diese Erscheinungsform stellt das eigentliche Problem dar.

Hier bedarf es ganz massiver Unterstützungsangebote seitens der Jugendhilfe wie auch der Gesellschaft insgesamt. Im Idealfall können hier Maßnahmen der Berufs- und Jugendhilfe greifen und auch Auflagen und Weisungen aus dem Jugendgerichtsgesetz wie etwa soziale Trainingskurse, Täter-Opfer-Ausgleich, Einzelbetreuungen und dergleichen mehr.

Gelingt es jedoch nicht, jugendliche Straftäter mit diesen Angeboten zu erreichen und Verhaltens- und Lebensveränderungen einzuleiten, wird von der Gesellschaft bzw. von den Jugendgerichten eine Jugendstrafe, d. h. Gefängnis, verhängt; dies geschieht je nach regionalem Standard im einen Fall mit größerer Zurückhaltung, im andern Fall recht schnell und offensiv.

Von solchen „Fällen“, also jungen Leuten, die zu einer Gefängnisstrafe verurteilt wurden und diese auch verbüßen müssen, handeln die nächsten Seiten.

---

*) Man geht davon aus, dass jeder männliche Jugendliche schon einmal irgendeine Straftat begangen hat. (Dunkelforschung)

Verurteilung zu Jugendstrafe

– oder: wie man in's Gefängnis kommt –

1. Schritt: Die Gesetzeslage

Nach verübten und von der Polizei ermittelten Straftaten erhebt der Staatsanwalt Anklage. Diese wird dann von den Jugendrichtern beim Amtsgericht (Einzelrichter oder Jugendschöffengericht) oder beim Landgericht (Jugendkammer) verhandelt und kann unter bestimmten Voraussetzungen zur Verhängung von Jugendstrafe, d.h. einer Gefängnisstrafe, führen. Jugendstrafe ist die härteste freiheitsentziehende Maßnahme, die das Jugendgerichtsgesetz kennt.

§ 17 Jugendgerichtsgesetz (JGG):

1. Die Jugendstrafe ist Freiheitsentzug in einer Jugendstrafanstalt.

2. Der Richter verhängt Jugendstrafe, wenn wegen der schädlichen Neigungen des Jugendlichen, die in der Tat hervorgetreten sind, Erziehungsmaßregeln oder Zuchtmittel zur Erziehung nicht ausreichen oder wenn wegen der Schwere der Schuld Strafe erforderlich ist

2. Schritt: Die Voraussetzungen:

Für die Verurteilung zu einer Jugendstrafe müssen neben der festgestellten Schuld „schädliche Neigungen" beim Jugendlichen bzw. die „Schwere der Schuld" in der Tat vorliegen. Schädliche Neigungen bei einem Jugendlichen liegen dann vor, „wenn erhebliche Anlage- oder Erziehungsmängel bei ihm die Gefahr begründen, dass er ohne längere Gesamterziehung durch weitere Straftaten die Gemeinschaftsordnung stören wird." (Kurzinterpretation des Bundesgerichtshofes)

Unter längerer Gesamterziehung ist die Erziehung in einer Jugendstrafanstalt oder im Rahmen der Bewährungshilfe zu verstehen. Bei dem Begriff Schwere der Schuld geht es weniger um die Persönlichkeit des Jugendlichen als vielmehr um die Tatschuld (etwa bei schweren oder besonders heimtückischen Verbrechen).

Kritische Anmerkung:

Besonders der erste Begriff, die „schädlichen Neigungen" *), ist recht ungenau gefasst und „schwammig" und er wird von vielen Jugendrichtern bei der Be-

---

*) Der Begriff „schädliche Neigungen" ist erstmals 1928 im österreichischen Gesetz bei jungen Rechtsbrechern aufgetaucht und dann 1941 vom Reichsjustizminister in das deutsche Jugendstrafrecht eingeführt worden, wo er seitdem unverändert zur Anwendung kommt.

gründung von Jugendstrafe oft in einer gewissen Beliebigkeit und unreflektiert auf jugendliche Straftäter angewandt.

3. Schritt: Die Dauer einer Jugendstrafe:

Die Mindeststrafe bei Jugendlichen beträgt 6 Monate, die Höchststrafe 5 Jahre bzw. 10 Jahre bei schweren Verbrechen (wie Raub, schwere Brandstiftung, Meineid, Vergewaltigung, Mord und Totschlag). Die Dauer einer Jugendstrafe, die ja eigentlich nach der erforderlichen erzieherischen Einwirkung bemessen sein sollte, wird von den Jugendrichtern häufig nach unklaren Kriterien festgegelegt. Nur selten wird ein nachvollziehbarer Begründungszusammenhang zwischen der genauen Dauer der Jugendstrafe und den bezweckten Erziehungszielen und -möglichkeiten auch konkret formuliert.

In der Praxis werden bei Jugendstrafen heute

55 % zu einer Jugendstrafe von bis zu 1 Jahr verurteilt,
35 % zu einer Jugendstrafe zwischen 1 – 2 Jahren und
10 % zu einer Jugendstrafe zwischen 2 – 10 Jahren. (3)

4. Schritt: Gefängnis oder Bewährung:

Nachdem das Gericht einen Jugendlichen zu einer Jugendstrafe verurteilt hat, muss geprüft werden, ob diese Jugendstrafe tatsächlich verbüßt werden muss, d.h. ob derjenige tatsächlich ins Gefängnis gehen muss oder ob die Strafe zur Bewährung ausgesetzt werden kann.

Eine Strafaussetzung zur Bewährung ist nach § 21 JGG dann möglich, wenn zu erwarten ist, dass der Jugendliche sich schon die Verurteilung zur Warnung dienen lassen und auch ohne die Einwirkung des Strafvollzugs unter der erzieherischen Einwirkung der Bewährungszeit künftig einen rechtschaffenen Lebenswandel führen wird.

Voraussetzung für eine Bewährung ist vor allem eine positive Sozialprognose, d. h. eine bessere Zukunftsentwicklung des jungen Straftäters.

Kriterien sind zum Beispiel: ein Geständnis, Übernahme von Eigenverantwortlichkeit, positiv veränderte Lebensumstände, soziale Einbindung, schulisch-berufliche Perspektiven und ähnliches. Mehrheitlich wird die Jugendstrafe zur Bewährung ausgesetzt, etwa in 70 % aller Fälle. (4))

Keine Bewährung gibt es, wenn:

- die Strafe 2 Jahre oder mehr beträgt (grundsätzlich keine Bewährung mehr möglich)
- keine günstige Sozialprognose gestellt werden kann und / oder

- jugendliche Wiederholungs- oder Intensivtäter in ihrer vorangegangenen Bewährungszeit neue Straftaten begangen haben. Alle diese Jugendlichen müssen dann ihre Jugendstrafen in den Jugendstrafanstalten verbüßen.

Sobald ihr Urteil rechtskräftig geworden ist, erhalten sie von den Strafanstalten eine Ladung zum Strafantritt oder sie werden polizeilich vorgeführt.

Statistische Angaben zum Jugendstrafvollzug

Wieviele Jugendliche und Heranwachsende befinden sich eigentlich insgesamt in den bundesdeutschen Vollzugsanstalten ?

Wer sind sie und welche Probleme und Straftaten bringen sie mit ?

In einem kurz und einfach gehaltenen Überblick soll die Gruppe der jugendlichen Strafgefangenen mit einigen Zahlenangaben etwas mehr bekannt gemacht, die jugendliche Gefangenenpopulation sozusagen statistisch etwas aufgehellt werden.

1. Allgemeiner Überblick:

Als Groborientierung wird zum Beispiel von einer sogenannten „Gefangenenrate" gesprochen, die zum Stichtag 31. März 2000 pro 100 000 junger Menschen (15 – 25-Jährige) im Bundesdurchschnitt 94 jugendliche Gefangene beträgt (5). Zwecks besserer Vorstellung heißt das, dass auf etwa 1000 junge Leute ein inhaftierter Jugendlicher kommt.

In einer Stadt mit 100 000 Einwohnern leben etwa 8000 junge Menschen (14 – 21-Jährige), von denen rein statistisch gesehen dann ungefähr acht junge Leute in Haft sein müssten. Hierbei gibt es natürlich ganz erhebliche regionale Unterschiede und Gefälle, zum Beispiel zwischen Stadt und Land und zwischen Ost- und Westdeutschland.

2. Inhaftierte Jungtäter:

In den bundesdeutschen Gefängnissen sind zum Stichtag 31. März 2002 (6) insgesamt

etwa 7.500 junge Menschen inhaftiert, die eine Jugendstrafe zu verbüßen haben.

Inhaftierungszahlen im Jugendstrafvollzug 1992 – 2002:

1992 = 3.898 junge Gefangene
1994 = 4.757
1996 = 5.253
1998 = 6.438
2000 = 7.396
2002 = 7.455

Die Zahl der zu Jugendstrafe ohne Bewährung Verurteilten ist seit 1994 kontinuierlich und zum Teil dramatisch angestiegen.

In Deutschland gibt es ungefähr 40 Strafanstalten, in denen die Jugendlichen ihre Untersuchungs- oder Strafhaft verbüßen (7).

Eine typische Jugendstrafanstalt dürfte schätzungsweise so um die 350 Haftplätze haben.

3. Geschlechterverteilung:

Von diesen 7.500 Inhaftierten sind 7.250 junge Männer und 250 junge Frauen.

Die ganz überwältigende Mehrheit der jugendlichen Inhaftierten ist männlich ähnlich wie bei der Jugendkriminalität insgesamt, bei der man ja auch von einer Jungenkriminalität spricht.

4. Altersstruktur:

In den Jugendstrafanstalten dominieren die älteren Jugendlichen. Während bei der Untersuchungshaft immerhin ein Drittel noch unter 18 Jahre alt ist und zwei Drittel über 18 und älter sind (8),ergibt sich derzeit in der Jugendstrafhaft je nach Quellen und Zeit folgendes Bild:

1999:	14 – 18 Jahre: 13 %	18 – 21 Jahre: 48 %	21 und älter: 39 %	(9)
2001:	14 – 17 Jahre: 22 %	18 – 20 Jahre: 47 %	21 und älter: 31 %	(10)

Wenngleich es also deutlich mehr ältere Jugendliche in den Haftanstalten gibt, weisen alle Fachleute und Praktiker auf die in der letzten Zeit sich abzeichnende „Verjüngung" und das nach unten gehende Durchschnittsalter hin.

5. Ethnische Herkunft / Nationalitätenverteilung:

Hier kann ich nur auf eigene Erfahrungswerte und Informationen einzelner Haftanstalten zurückgreifen; zudem unterliegen diese Daten ganz erheblichen regionalen Schwankungen (in den neuen Bundesländern zum Beispiel weit geringerer Ausländeranteil).

In den Jugendstrafanstalten saßen

- in den 80er Jahren mehrheitlich Deutsche (ca. 75 % Deutsche, 25 % Ausländer und hier vor allem junge Türken)
- in den 90er Jahren waren es geschätzte 60 % Deutsche, 30 – 40 % Ausländer und maximal 5-10 % junge Aussiedler / Russlanddeutsche (11)
- seit 2000 sind es ca. 45 % Deutsche, 33 % Ausländer und 20 % Aussiedler.

Einig sind sich heute alle Fachleute darüber, dass der Anteil junger Aussiedler in wenigen Jahren „fast explosionsartig" angestiegen ist.

6. soziale Faktoren:

Derzeit gibt es keine gesicherten und aussagekräftigen Gesamtangaben zur sozialen Herkunft und zum Bildungsstatus jugendlicher Gefängnisinsassen. Nach eigenen Recherchen und Aussagen von Gefängnissozialarbeitern gehe ich davon aus, dass bei Eintritt in die Haftanstalten

- nicht einmal jeder zweite jugendliche Insasse über einen Hauptschulabschluss verfügt (ca. 40 – 45 %); bei den jungen Aussiedlern nur 35 %;
- ca. 10 % waren in Ausbildung oder hatten diese abgeschlossen;
- mehr als 80 % haben keine berufliche Qualifikation (12)
- ca. 50 % waren in irgend einer schulischen Maßnahme (gemeldet).

Real- und Gymnasialschüler sind die absolute Ausnahme. Zu dem relativ großen Teil derer, die sich in einer Beschulung befunden haben, gehören auch sogenannte Jugendberufshilfemaßnahmen.

Die inhaftierten Jugendlichen stammen zum Großteil aus sozial benachteiligten Schichten, d.h. sozialen und familiären Milieus, gekennzeichnet durch niedrigen Bildungsstand, niedriges Einkommen und somit eingeschränkten Zugangsmöglichkeiten zu den gesellschaftlichen Ressourcen; hinzu kommen häufig innerfamiliäre Schwierigkeiten, häufig Abwesenheit oder Fehlen einer väterlichen Bezugsperson, sucht- und gewaltbelastete Erfahrungen und dergleichen mehr.

7. Deliktstruktur der Jugendstrafgefangenen:

Die Hauptstraftaten, die in den letzten 3 Jahren zur Verurteilung und Verbüßung von Jugendstrafen geführt haben, sind:

Gewaltdelikte mit ca. 44 %	(nach Dünkel & Lang, 2002)
bzw. ca. 35 %	(Strafvollzug Baden-Württemberg)
Diebstahlsdelikte mit 37 %	(nach Dünkel & Lang, 2002)
bzw. ca. 30 %	(Strafvollzug Baden-Württemberg)
Drogendelikte mit ca. 10 %	(nach Dünkel & Lang, 2002)
bzw. ca. 25 %	(Strafvollzug Baden-Württemberg)

Bei Betrachtung der letzten 20 Jahre fällt insbesondere auf

die kontinuierliche Zunahme der Gewaltdelikte (fast verdoppelt) sowie ein Anstieg der Drogendelikte.

Natürlich sind häufig auch Mischformen zu verzeichnen. Oftmals bleibt auch bei Diebstahls- und Gewaltdelikten eine tatsächliche Drogenabhängigkeit unerkannt. Gefängnissozialarbeiter gehen mittlerweile davon aus, dass

bei jedem zweiten jungen Inhaftierten eine behandlungsbedürftige Drogenproblematik vorhanden ist, bei jungen Aussiedlern betrage der Anteil schon 75 %!

8. Strafmaß und Strafverbüßung:

Von den Gerichten werden Jugendstrafen zwischen sechs Monaten (Mindeststrafe) und 10 Jahren (Höchststrafe) verhängt.

Man kann von einer Durchschnittsstrafe von etwa 18-20 Monaten, d.h. eineinhalb Jahren ausgehen. Die tatsächliche Verweildauer im Jugendstrafvollzug beläuft sich im Schnitt auf etwa 11 Monate.

Möglichkeiten der vorzeitigen Entlassung auf Bewährung werden angewandt bei Erstverbüßern, nach Verbüßung von mehr als der Hälfte der Strafzeit (7/12), bei guter Führung oder bei Antritt einer Drogentherapie.

Teil 2

Foto: Marion Reuter

„Vom Ersatzteil zur Maschine“

Rezept eines Neunzehnjährigen

Man nehme folgende Zutaten: Einen Jugendlichen zwischen vierzehn und zwanzig Jahren, eine Haftanstalt, eine kleine Zelle, rund 500 Häftlinge und deren „gute Ratschläge“.

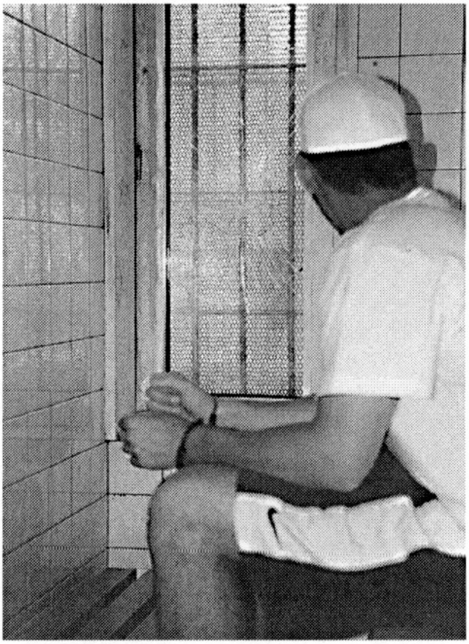

Foto: David Weipert

Die Zubereitung:

Als erstes verhaftet man einen Jugendlichen wegen mehrerer kleiner Taten oder einer schweren Tat.

Kurz nach der Verhaftung steckt man ihn dann für eine mehr oder weniger gerechte Zeit hinter Gitter. Hinter Gitter lässt man ihn dann in Isolation garen und lässt ihn danach zu anderen Häftlingen. Man gibt ihm dann ein paar „gute Ratschläge dieser Häftlinge über das perfekte und sich lohnende Verbrechen hinzu und lasse ihn dann wieder eine Zeit in Isolation. Während dieser Isolationszeit trainiert der Jugendliche selbständig seinen Körper auf eine größere Breite und Kraft. Dies wiederholt man alles Tag für Tag der Haftzeit bis zum Ende der Haft.

Am Tag seiner Entlassung nimmt man ihn dann aus der Anstalt und lässt ihn ohne weitere Perspektive auf die Menschheit los. Nun lässt man ihn noch eine kurze Zeit arbeitslos ziehen und fertig ist das nächste Verbrechen!

Meine Meinung ist:

Man sollte die Jugendlichen nicht gleich einsperren, man sollte sich noch ein paar andere Maßnahmen einfallen lassen.

Klar, das gilt nicht für alle jugendlichen Häftlinge, aber es hat hier viele, für die die Haft nicht passend ist, da sie hier mit kindlichen Gedanken ankommen und mit abgebrühten, verbrecherischen Gedanken wieder rausgehen; selten ist das anders!

„Neu im Knast“

Bericht eines Zwanzigjährigen

Ich bin jetzt schon ’ne ganz schön lange Zeit im Gefängnis für meine zwanzig Jahre. Insgesamt habe ich eine Jugendstrafe von vier Jahren zu verbüßen.

Foto: David Weipert

Kurz vor meinem siebzehnten Geburtstag bin ich zum ersten Mal ins Gefängnis gekommen wegen Autoaufbrüchen und solchen Sachen. Das war ziemlich schlecht für mich, die Freiheit halt mir halt gefehlt und vor allem hatte ich keinerlei Erfahrung, wie es im Knast so ist.

Als Neuer, wenn du da so ankommst, geht es dir nicht gut. Mir haben sie gegen meinen Willen gleich einen Haarschnitt verpasst; also andere Gefangene, die haben mich gepackt zu zweit in meiner Zelle, haben mich festgehalten und ein dritter hat mir mit einer Rasierklinge eine Glatze geschnitten. Wenn ich mich bewege, so haben sie gemeint, würde es für mich nur schlimmer werden, dann gäbe es halt Narben auf meinem Kopf. Die wollten mir gleich zeigen, dass sie die Stärkeren sind. Als Neuer geht's dir nicht so gut; obwohl, es kommt darauf an, wer das ist. Wenn du zum Beispiel schwach aussiehst, bekommst du gleich die Klamotten abgezogen oder Ohrringe, Goldketten und sowas und du musst auch den Einkauf abgeben.

Da leidet immer irgendeiner. Wenn du halt schwach bist und neu, der wird gleich auf die Probe gestellt. Man quält ihn ein bisschen, macht ihn mit Ausdrücken fertig oder schlägt ihn ein bisschen und dann will man sehen, ob der zu den Beamten geht, um zu petzen oder nicht. Und wenn er halt zu den Beamten geht oder sich nicht wehrt, dann muss er halt leiden. Dann wird ihm der Einkauf abgedrückt und er muss bei den meisten die Zelle putzen und vor allem die Gemeinschaftstoilette. Wenn einer das nicht machen würde, der würde dann halt ordentlich was draufkriegen Der Schwächere, der muss halt hier drinnen immer leiden!

Das erste Mal Knast mit gerade siebzehn, das war echt schlimm für mich, ohne Familie und eingesperrt. Man weint da schon im Gefängnis, aber die meisten bekommen davon nichts mit. Weil man will ja nicht, dass die anderen das erfahren, dass man geweint hat. Die denken ja dann sofort, Heulsuse oder so was. Überhaupt, so richtig ehrlich über seine Probleme und Schwächen redet hier keiner, sonst wissen das gleich die anderen; dann sind die Schwächen von dir bekannt und das kommt dann nicht so gut, das wird dann immer ausgenutzt.

Eigentlich hätte mir die erste Knastzeit reichen müssen, ich dachte auch, dass ich was gelernt hätte. Aber dann bin ich halt wieder schnell rückfällig geworden mit Drogen und so, weil das Geld halt nie gereicht hat; bin halt wieder kriminell geworden. Jetzt bin ich das dritte Mal hier drinnen.

Der Jugendknast ist eigentlich viel schlimmer als der Erwachsenenknast. Erwachsene, die denken und handeln anders als die Jugendlichen. Jugendliche im Knast, die tun meist einen auf cool, geben an und denken, sie wären die Größten und es gibt hier bei uns einfach viel mehr Stress die ganze Zeit. Die denken, sie können mit jedem hier drin tun, was sie wollen, halt so Sachen wie Abzocken und so.

Obwohl ich selbst aus Russland komme, habe ich zu den meisten von den Russen keinen Kontakt. Das will ich auch nicht. Da erzählt jemand Scheiße über dich und da musst du dann schon aufpassen, dass du nicht zuviele Probleme mit denen bekommst.

Stress kann es dann schnell geben, beim Hofgang oder in der Freizeit. Wenn denen dann was nicht passt, dann gehen sie auf dich los, mehrere Leute auf einen. Bestimmt mehr als die Hälfte sind Stressertypen und irgendwann entwickelst du dich dann auch zum Stresser, vom Opfer zum Täter sozusagen.

Heute verkrafte ich die Knastsache einigermaßen, man gewöhnt sich mit der Zeit daran. Aber das ist auch wiederum das Schlimmste dabei, dass man sich daran gewöhnt und normalerweise darf man sich nicht an den Knast gewöhnen. Im Knast lernst du mehr schlechte Sachen als gute. Jeder erzählt dir von den Dingern, die er gemacht hat und wie er es gemacht hat und da überlegst du dann schon, wie du es das nächste Mal besser machen kannst, dass dich keiner erwischt. Über die Straftaten und die Strafe, die du bekommen hast, denkst du eigentlich nicht mehr groß nach, das ist recht weit weg. Über mich selber denke ich schon manchmal nach, über mich, über meine Vergangenheit, wieso ich mit Drogen angefangen habe, über meine Familie.

Den meisten Leuten bringt der Knast gar nichts, da bin ich mir sicher. Die denken, ja, Knast, was soll's und wenn die raus kommen, sagen sie, hey ich war im Knast und tun einen auf cool. Manche haben schon was gelernt, aber die meisten nicht.

Die Zeit meiner Reststrafe, die jetzt noch vor mir liegt, die vergeht bestimmt langsam. Vor allem der Sommer ist das schlimmste. Wenn du aus deiner Zelle raus kuckst oder beim Hofgang, wenn es so schön warm ist, da würdest du am liebsten irgendwo in der Stadt, wo du herkommst, sein oder im Schwimmbad. Von Zeit zu Zeit vergisst du schon, dass du im Knast bist und du vergisst die Gitter an deinem Zellenfenster. Du siehst sie zwar schon vor dir, aber du denkst gar nicht mehr so viel darüber nach.

Freiheit ist eigentlich viel für mich, Freiheit ist unbezahlbar und ich verschwende sie. Ich könnte gerade eigentlich was besseres machen, als hier im Knast zu sitzen. Aber da bin ich selber dran schuld!

„Von Anfang bis zum Ende“

Bericht eines Zwanzigjährigen

Als erstes muss man sagen, dass der Anfang und das Ende hier im Gefängnis die schlimmsten Zeiten sind.

Am Anfang ist man die meiste Zeit deprimiert und echt mies drauf, aber der Anfang prägt hier meist den Ablauf für die ganze weitere Zeit. Am Anfang muss man sich ruhig, aber doch auch stark präsentieren. Gibt man sich zu cool oder zu schwach, wird man immer angestresst oder unterdrückt. Man muss sich erst Umschauen und Beobachten, wer was ist und wer zu welcher Gruppe gehört.

Meiner Meinung nach gibt es hier im Jugendknast drei Gruppen:

1. Die Unterdrücker und Starken.
2. Die Respektierten (meistens ruhig) und
3. Die Fische = die Unterdrückten und Schwachen.

Zu der Gruppe, an die man sich anschließt, gehört man dann meist für den Rest der Zeit hier.

Gehört man zu Gruppe 1, dann hat man hin und wieder Stress und muss auch selber stressen, um angesehen zu werden; das führt meist zu längeren oder schwierigeren Zeiten hier.

Gehört man zu Gruppe 2, ist man ruhig und meist etwas im Hintergrund; man muss sich aber auch hin und wieder stark zeigen und darf sich nicht unterdrücken lassen; außerdem darf man nicht eine zu große Klappe haben.

Gruppe 3 versteckt sich meistens in der Zelle, auch während der Freizeit oder dem Hofgang. Meistens bekommen sie jeden Tag leichte Schläge oder werden verbal erniedrigt. Sie geben oft das meiste ihres Einkaufs als Schutzgeld ab, was aber genau das Gegenteil des gewünschten Ergebnisses bewirkt.

Am Anfang war ich sehr ruhig und etwas nervlich am Ende. Ich machte mir ständig Gedanken über das Warum und darüber, wie ich die Zeit hier überstehe (auch darüber, ob ich es überhaupt überstehe). Ich hatte noch keine Freunde und somit noch keine Unterhaltung. Ich beobachtete meist ruhig in einer Ecke, wer was tat und wie er sich präsentierte.

Nach kurzer Zeit sprachen mich Leute an, die meiner Meinung nach unterdrückt wurden. Ich signalisierte ihnen dann, dass ich nichts mit ihnen zu tun haben wollte, da ich sonst genau so behandelt werden würde wie sie. Dann kam die Gruppe 1 auf mich zu. Anfangs versuchten sie mich verbal und durch körperliche Gestik einzuschüchtern. Als sie sahen, dass das bei mir nicht funktionierte, ließen sie mich in Ruhe.

So gehörte ich dann zu Gruppe 2. Ich hatte dann mehr oder weniger meine Ruhe und fand mehrere Freunde in der selben Gruppe. Ich hatte nur einmal eine

Schlägerei, ich glaube, weil man durch meine Ruhe denken konnte, ich gehöre zu Gruppe 3. Da ich die Schlägerei gewann, hatte ich meinen Respekt und meine Ruhe zurück.

So hatte ich nur mit meinen Gedanken zu kämpfen hier. In der Mitte der Haftzeit ging es, man hatte Ablenkung durch hier gefundene Freunde. Gegen Ende der Haft wurde es für mich wieder schwer. Immer der Gedanke an die baldige Freiheit und das Wiedersehen mit den Leuten, die man liebt. So dauern Stunden wie Tage. Man kreuzt jeden Tag im Kalender an und zählt die Tage rückwärts bis zum Tag der Entlassung.

Die letzte Zeit ist auch schwer, weil man weil sieht, dass es die Freunde, die man hier gefunden hat, deprimiert, wenn man geht und sie noch bleiben müssen. Am letzten Tag war ich glücklich und total deprimiert zugleich; glücklich, weil ich raus konnte und deprimiert wegen den anderen, die ich zurück ließ. Nun bin ich wieder hier und alles beginnt von vorne.

„Ein Tag wie der andere“

Bericht eines Achtzehnjährigen

6.30 Uhr:	Strom geht an
6.50 Uhr:	Öffnen der Zellentüren
6.50 - 7.00 Uhr:	Zeit für Frühstück holen
7.00 - 7.15 Uhr:	Frühstücken in der Zelle und Fertigmachen
7.15 Uhr:	Abrücken zur Arbeit
7.30 - 9.00 Uhr:	Arbeit
9.00 - 9.15 Uhr:	Frühstückspause
9.15 - 11.30 Uhr:	Arbeit
11.30 - 12.15 Uhr:	Mittagessen in Kantine und Pause
12.15 - 15.20 Uhr:	Arbeit
15.20 - 15.30 Uhr:	Sicherheitskontrollen und Zellengang
15.50 - 16.50 Uhr:	Hofgang
17.30 Uhr:	Ausgabe vom Abendessen in Zelle und Müllabgabe
18.00 - 21.30 Uhr:	Freizeit im wöchentlichem Wechsel für je eine Stockwerksseite (Billard, Kicker, Kraftsport)
21.30 Uhr:	Zelleneinschluss
1.00 Uhr:	Strom wird abgedreht

„Alltagsrhythmus im Knast“

Bericht eines Neunzehnjährigen

6.00 Uhr: Aufstehen und eine rauchen.
6.15 Uhr: Frühstück holen, mit Beamten labern, Anträge abgeben und Rasierer tauschen (Einwegrasierer, mit dem man sich nur das Gesicht aufschneidet) und frühstücken.
Bis 8.59 Uhr wartet man mit großer Langeweile.
9.00 Uhr: Hofgang. Man labert mit anderen Häftlingen über Unbelängliches wie zum Beispiel Fernsehprogramm und versucht, für eine Stunde den Gedanken von Freiheit und Gemeinsamkeit zu erlangen.
10.00 Uhr: Zurück zur Isolation (Zelle). Man wartet auf das Essen und auf ein bisschen Konversation mit dem Beamten, der das Essen austeilt.
10.45 Uhr: Essen. Man holt das Essen und macht ein paar kleine Jokes mit dem Beamten, der das Essen bringt, um sich ein bisschen abzulenken.
Bis 14.45 Uhr: Große Langeweile und Warten auf das Abendessen!
14.45 Uhr: Abendessen (wenn man das um diese Zeit so nennen kann).
14.50 Uhr: Abendessen reingeholt, Zellentüre geht zu und bleibt es auch bis zum nächsten Morgen um 6.15 Uhr.

Nach dem Abendessen bleibt dir dein TV, soweit du dir einen leisten kannst und Schreiben bzw. Lesen. Ab 14.50 Uhr beginnt das Härteste am Tag: man weiß, man kann mit niemandem sprechen. Zwischendurch macht man Liegestützen und glotzt TV (ein Programm, das sich immer wiederholt, alles schon mal gesehen).

Man hofft, immer schnell zu schlafen bis 6.15 Uhr, dann kann man mal wieder reden außer mit sich selbst. Gerade die Zeit zwischen Abendessen und Frühstück ist die schlimmste; man fällt ständig in den Gedanken daran, wie es wäre, wenn man frei wäre und wie es der Familie so geht? Und das jeden verdammten Tag der Haftzeit. Keine Abwechslung im tristen Grau hinter Gitterstäben.

Mein Rat: Versuche lieber, immer clean und anständig zu bleiben, denn so einen Alltag, wie ich ihn habe, willst du auf keinen Fall. Denke daran.

Ciao.

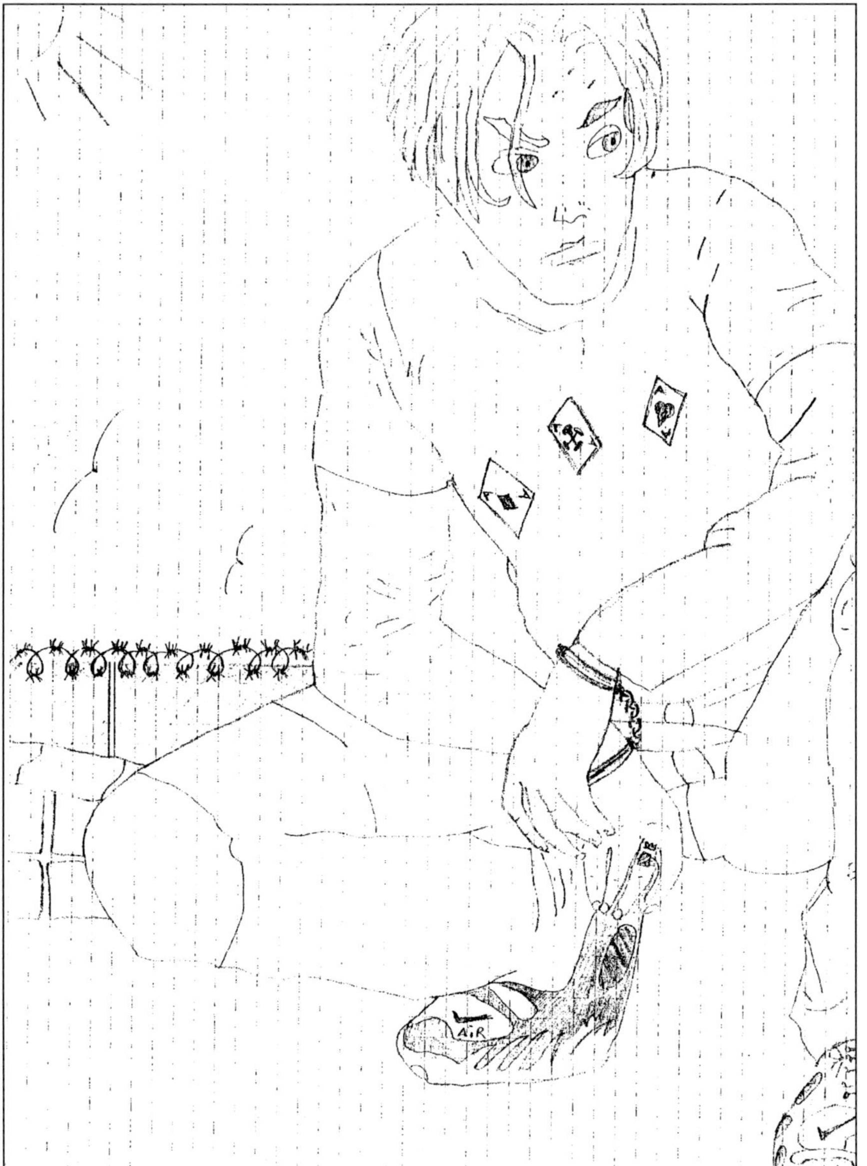

Zeichnung eines Gefangenen

„War es das wert ?“

Gedanken eines Neunzehnjährigen

War es das wert? Ich glaube, das ist die meist gefragteste Frage hier, obwohl sie gleichzeitig auch wiederum die am wenigsten gefragte Frage ist!

Jeder hier hat sie sich schon selbst gestellt und selbst schon beantwortet. In den Köpfen derjenigen, die sie sich gestellt haben, wird sie immer mit nein beantwortet. Fragt aber ein anderer hier, wird meist geprahlt und natürlich mit ja geantwortet. Warum? Sagt man nein, verlieren die anderen die Achtung und den Respekt vor dir. Und Achtung und Respekt sind hier wichtig!

Du fragst dich bestimmt, an welchem Ort ich mich befinde? Was ist das für ein Ort, an dem ich mich selbst belügen muss und Respekt und Achtung eine so große Rolle spielen? Es ist ein kalter, emotionsloser Ort, der Knast!

Die eigentlich wichtige Frage ist also nicht: WAR es das wert, sondern IST es das wert? Diese Frage solltest du dir vor jeder Tat, die du begehst, stellen! Bist du ehrlich zu dir selbst, kannst du mit nein antworten. Denn zum Beispiel wenn jemand vor dir steht und dich provoziert und du schlägst ihn daraufhin, fühlst du dich gut und unbesiegbar! Aber am nächsten Tag, dann, wenn die Polizei vor deiner Tür steht mit dem Haftbefehl wegen Körperverletzung, kommt sie, die Frage: War es das wert?

Für ein paar Sekunden hattest du das Gefühl der Unbesiegbarkeit und für ein paar Jahre jetzt das Gefühl der Alleinheit und die Frage:

War es das wert? Deswegen frag dich immer vor deiner Tat: Ist es das wert? Ein guter Rat von jemand, der sich fragt: War es das wert? Nein, es ist es nicht!

„Zellenalltag“

Bericht eines Achtzehnjährigen

Ich bin jetzt gut vier Monate hier in der Justizvollzugsanstalt ....

Ich hocke hier auf der Zelle Nr. 328, wir sind da zu zweit drin, mit meinem Mittäter, den ich auch von draußen gut kenne. Das ist schon eine sehr große Freundschaftsprobe, vor allem wenn man mehr oder weniger 23 Stunden zusammen auf der Zelle hockt. Da muss man sich fast mit jeder Kleinigkeit gegenseitig auseinandersetzen. Man ist halt 24 Stunden zusammen, man muss entscheiden, wer jetzt den Fußboden putzt zum Beispiel, oder wer den Waschtag hat oder wer das Frühstück holt und sowas ist ja vorher nie vorgekommen. Und das muss man sich jetzt im Knast alles miteinander einteilen.

Meine Zelle ist ungefähr dreieinhalb auf zwei Meter groß, es stehen zwei Betten drin, Etagenbetten, zwei Schränke für die Kleider, ein Tisch, zwei Stühle, ein Regal, worauf der Fernseher steht. Der Fernseher gehört uns nicht privat. Wenn wir Geld haben, dann zahlen wir im Monat jeder zwanzig Mark dafür, dann kann man unbegrenzt kucken, vierundzwanzig Stunden am Tag.

Das Klo auf der Zelle ist mit einer silbernen Metallplatte abgegrenzt und mit einer Schwenktüre dran, so ein Meter fünfzig etwa hoch; man hat dann noch sein Waschbecken in der Zelle und einen kleinen Spiegel; die Hygienesachen, die bekommt man vom Gefängnis gestellt, so eine Zahnbürste, Zahnpasta, Rasierer und eine Rasierseife, genauso wie die Kleider aus der Vollzugsanstalt, die man dann benutzen kann wie ich zum Beispiel, weil ich keine anderen Klamotten zur Zeit habe, da ich von meinen Eltern keinen Besuch bekomme.

Zweimal in der Woche hat man Waschtag, wo man die Kleider gegen neue tauschen kann. Man bekommt auch neue Bettwäsche, ungefähr einmal im Monat. Für Bilder und Poster gibt es in der Zelle eine eigene Aufhängeleiste, aber die meisten Jugendlichen kritzeln ihre Initialien an die Schränke, an die Wände oder auch ihre Graffitikünste.

Ich habe in meiner Zelle eine Postkarte, die habe ich am Anfang noch von meiner Mutter bekommen und da steht was Gutes drauf; die habe ich mir dann so an die Leiste reingeklemmt, dann hab ich noch eine Zigarettenschachtel oben draufstehen. Außerdem habe ich Bilder selber gemalt, alles was mir so in den Kopf einschießt: zum Beispiel eine Straße, die geht zentral in den Horizont, wo die Sonne dann auftaucht und so was. Oder ich hab vier Karten gemalt, vier Asse auf der Hand, alles mit Kugelschreiber gemalt.

Wer hier Farben oder Buntstifte will, der kann sie sich beim Einkauf kaufen, aber die sind hier drinnen natürlich teuer. Also aufgestanden wird hier drin im Knast um sechs Uhr oder sieben Uhr, wenn ich mich nicht irre. Man muss nicht aufstehen, aber man steht auf, wenn man was zu Essen haben will. Einer von uns zweien steht dann auf. Man bekommt morgens dann Kaffee, aber der schmeckt nicht so besonders gut. Also man steht auf, nimmt seine Kanne, man geht an die Tür, die Tür wird geöffnet, dann kommt ein Wagen, dann gibt man seine Kanne, die wird dann voll Kaffe gemacht, dann gibt's noch eine kleine Portion Marmelade für ein Brot oder eine Packung Milch, null-fünf-Liter und Brot halt. Das ist dann das Frühstück. Essen tu ich dann in der Zelle und die Türe geht wieder zu. Mittagessen bekommt man auch, das ist dann in so fertigen Aluminiumbehältern. Heute gab's zum Beispiel Kartoffeln mit Sauerkraut und Bratwürsten.

Nach dem Frühstück, wenn ich keine Schule habe, lege ich mich wieder ins Bett, dann schlafe ich erst mal wieder bis um neun Uhr oder so oder bis um zehn. Um halb zehn Uhr schaue ich mir meist einen Film auf pro sieben an, der läuft zu der Zeit immer, anschließend warte ich auf das Mittagessen, weil der Film endet, wenn das Mittagessen kommt. Dann ess' ich und dann, entweder schlaf ich dann wieder, weil man nichts anderes tun kann oder ich spiele mit meinem Kumpel Schach oder Karten. Wir haben die Karten von so einer katholischen Einrichtung bekommen, von denen kriegen wir auch ab und zu mal Tabak oder Kaffee.

Wenn ich Schule habe, aber zur Zeit hab ich gar keine, die fängt so zwischen viertel vor zehn und zehn Uhr an so und dauert eine Stunde oder eine Stunde und fünfzehn Minuten ungefähr. Um elf Uhr ist es dann fertig, dann gehen wir auf die Zelle und essen Mittag.

Um halb zwei Uhr kommt dann der Lehrer wieder und holt uns zur Freizeit ab. Die Freizeit wird dann so gestaltet: eineinhalb Stunden Freizeit, man kann entscheiden mit der Schülergruppe, was man möchte. Mein Kumpel von der Zelle ist auch in der Schule drin. Wir machen dann meistens zusammen Kraftsport oder Tischtennis spielen oder Dart und Duschen.

Duschen ist das Wichtigste überhaupt. Duschen ist das Beste im Knast, das Allerbeste. Duschen ist irgendwie das befreiendste Gefühl in dem ganzen Gefängnis hier. Also alles, alles andere ist unwichtig, aber Duschen ist das Beste.

Auf unserer Etage sind zwei Duschen befestigt, und ich dusche praktisch mit meinem Zellenkollegen. Wenn man dann unter dem warmen Wasser steht, dann stellt man sich vor, dass alles, was man erlebt hat, von einem weggeht. Vor allem jetzt, wo das kalte Wetter draußen war, da waren wir vierundzwanzig Stunden auf der Zelle und das geht dann auf die Nerven. Immer zugeschlossen. Die Nerven sind angespannt, man reagiert auf jeden noch so kleinen Wortwechsel aggressiver, brutaler und es kam auch schon zu handfesten Streitereien zwischen uns. Aber das erledigt sich dann auch schnell wieder zwischen uns und nach fünf Minuten rauchen wir dann wieder eine zusammen und es ist schon wieder vorbei. Überhaupt rauchen wir fast jede Zigarette zusammen, das heißt zu zweit eine Kippe.

Nerven tun einen eigentlich die Kleinigkeiten, über die man sich draußen nie Gedanken gemacht hätte. Aber hier drinnen sind es wirklich die Kleinigkeiten, die die Nerven einfach zerreißen, weil man hier immer eingepfercht ist.

Foto: factum Weise

Man schaut raus; zum Beispiel die letzten Tage stand ich öfters am Zellenfenster, hab rausgeschaut und dann riecht man diese frische Luft und man schaut raus und sieht die Hochhäuser und da erinnere ich mich an meinen Wohnort, wo ich vorher gewohnt habe. Man will raus; das Ganze entspringt so einem Frühlingsgefühl, könnte man sagen, weil das Wetter so wunderschön ist und da möchte man unbedingt mal auf die Terrasse. Und bei so was kriegt man dann volle Aggressionen, unbedingt und wenn da dann irgendwas passiert, irgendso ne Kleinigkeit, dann fällt man sich sofort an hier drin und dann geht's los.

Das Gute und die Vorteile, wenn man mit seinem Kumpel zusammen einsitzt sind die, dass wenn zum Beispiel einer weniger Einkauf hat als der andere, dann tut man sich zusammen und teilt, der eine kauft dies und der andere das. Wir unterhalten uns auch viel zusammen, vor allem weil der andere mein Freund ist und das schon seit neun Jahren. Wir haben sozusagen eine offene Beziehung miteinander, kann man so sagen. Er weiß alles von mir, jedes Detail sozusagen und ich weiß alles von ihm. Unsere Eltern kennen sich auch und wir sprechen sehr oft auch über ernste Themen, zum Beispiel, wenn ich bei ihm was entdecke, was wirklich nicht zu seinem Charakter passt, dann versuche ich ihn drauf hinzuweisen. Ich sage zu ihm: Hey, ich bin wie ein größerer Bruder für dich, hör einfach auf mich, schau mich an, wo ich bin und so und ich pass auf dich auf.

Wir reden auch mal über die Eltern, zum Beispiel, dass ich halt mit denen Probleme habe und dass mich meine Eltern nicht mehr besuchen kommen. Da haben wir sogar schon zusammen geweint. Als wir über dieses Thema gesprochen haben, da wurde ich so richtig traurig; ich geb' zu, dass ich richtig geweint habe und der hat sogar mitgeweint mein Kumpel, auch wenn er ja eigentlich gar nichts damit zu tun hat, einfach als Kumpel halt. Wir leiden sozusagen zusammen, wir freuen uns zusammen, lachen zusammen, essen zusammen und das ist sehr wichtig auch. Das baut auf.

Ich denke, wenn wir hier beide raus kommen, wird die Freundschaft noch härter und noch besser sein als je zuvor. Was ich hasse hier drin in meiner Zelle ist, dass man sich wirklich nicht bewegen kann, das ist so eng hier alles. Man hat vielleicht einen Spielraum von einem Meter auf einen Meter, man kann sich kaum bewegen. Man versucht auch, in der Zelle zu trainieren, um seinen Stress abzubauen und die Gedanken loszuwerden.

Das hasse ich, dass das wirklich so eng ist, absolut so eng. Man ist wirklich eingeengt ohne Ende. Man kann sich nicht entfalten, man kann nicht mal richtig Turnübungen machen, irgendwelche Sachen halt. Deshalb ist die Freizeit, auch wenn sie noch so knapp ist, so wichtig hier. Ich hab mich auch für irgendwelche Gruppen angemeldet, Kirche, Alkoholberatung, einfach so, damit ich raus komme.

Nach der Freizeit gehen wir wieder auf unsere Zellen. Um sechs Uhr – wenn ich mich nicht irre – gibt's dann Abendessen. Wir gehen dann wieder mit den Kannen raus, holen unseren Tee, dann gibt's wieder Brot, manchmal Schmierkäse, Wurst, je nach dem halt. Dann wird wieder zugeschlossen bis zum nächsten Tag. Licht, Wasser und Strom haben wir die ganze Zeit in unserer Zelle, wie wir wollen. Von den Nachbarzellen bekommt man hier relativ wenig mit. Man ist so eingeschlossen, dass der eine den anderen kaum kennt. Wenn man zum Beispiel zum Essenholen raus geht, dann sieht man den Nachbarn mal, aber den kenn' ich gar nicht richtig.

Mit unseren Nachbarn haben wir im Moment Stress, weil unser Tisch in der Zelle, der wackelt und der steht an der Wand und wenn wir den putzen, dann geht der immer an die Wand und macht so tuck tuck tuck und das regt den Nachbarn wahrscheinlich voll auf und der knallt dann auch voll gegen unsere Wand. Wenn wir dann aus unseren Zellen rauskommen, dann beißen wir uns aneinander fest, keiner will klein beigeben, wir haben halt Probleme mit dem.

Foto: factum Weise

Wenn man zum Beispiel in einer Einzelzelle hier drin sitzt, das ist wirklich die Hölle. Man sitzt praktisch dreiundzwanzig oder vierundzwanzig Stunden am Tag auf der Zelle, alleine! Man sieht nur die Leute, die Beamten, die das Essen ausgeben und sonst ist man mit dem Fernseher alleine. Da dreht man wirklich durch. Als ich in der Einzelzelle ungefähr drei Wochen saß, da habe ich schon angefangen, mit dem Fernseher zu schwätzen; ich bin fast völlig verrückt geworden, wirklich! Wenn ich da nicht so schnell wie möglich wieder raus gekommen wäre, wenn ich das den Beamten nicht klargemacht hätte, ich wäre durchgedreht!

Gut, es gibt auch Leute, die sind wirklich froh, wenn sie eine Einzelzelle haben. Ich habe zwei Kumpels, die sind auf Einzelzelle und die sind froh darüber; aber für mich ist das nichts. Wenn man im Gefängnis ist, dann sehnt man sich nach der Freiheit, weil man sie nicht besitzt. Aber sobald man draußen ist und das weiß ich aus eigener Erfahrung, sobald man den ersten Schritt aus dem Gefängnis gemacht hat, dann ist all diese Zeit hier, all das vergessen als wenn es nicht existiert hätte, total, als wenn es nicht existiert hätte; keine Leiden, keine Gedanken verschwendet man mehr daran. Man fühlt sich dann so, als ob man schon immer draußen gewesen wäre. Es ist wirklich alles vergessen, es hat nicht gewirkt, es ist sofort alles vergessen. Und das geht den meisten Jugendlichen, die ich kenne, genauso. Die sind gleich mal nach Hause zuerst, haben gebadet und dann war wirklich, auch wirklich alles weg. Die haben sich neu gekleidet und sind dann in die Stadt gegangen, wie zuvor und dann war alles vergessen.

Nur wenn man jemandem vom Knast erzählt, denkt man vielleicht noch dran, aber ansonsten sind die Gedanken daran und die Erinnerung weg. Aber die Schwierigkeiten fangen dann wieder an, wenn man sein Überbrückungsgeld ausgegeben hat für Handys oder für das, was gerade aktuell ist, damit man mit der Masse mithalten kann. Ja und dann ist man halt irgendwann wieder ohne Geld, trifft die alten Freunde, sagt hallo und die sind vielleicht auch wieder auf 'nem schlechteren Weg drauf und dann fällt einem wieder die Kriminalität ein. Man sieht das dann irgendwie als letzten Ausweg. Man versucht vielleicht sogar vorher noch, aufs Arbeitsamt zu gehen und einen Job zu finden, aber wenn dann die Anfangsmotivation weg ist und man keinen Job findet – vor allem nicht schnell genug – wo man sich ablenken könnte, dann besteht wirklich die Gefahr, dass man wieder abrutscht. Da wäre es wirklich hilfreich, wenn sich da jemand um einen kümmern könnte.

Wenn jemand raus kommt und direkt einen wirklich guten Job bekommt, in dem er sich wohl fühlt und in dem er nicht als Dreckarbeiter bezahlt wird, wenn die Jugendlichen diese Chance hätten, dann würden mehr von denen nicht mehr rückfällig werden.

Wenn man im Gefängnis ist, dann wird einem zu dem, was man schon hat oder weiß, noch viel mehr beigebracht. Es werden einem Sachen beigebracht, die man vorher überhaupt noch nicht kannte. Also bei mir war das zum Beispiel so, ich bin das erste Mal ins Gefängnis gekommen, weil ich bei meinen Autoaufbrüchen die Scheiben mit einem Gegenstand eingeschmissen habe; ich glaube, da war ich ungefähr sechzehn oder siebzehn Jahre alt.

Also da habe ich die Scheiben mit irgend so einem Gegenstand eingeschmissen und im Gefängnis habe ich gelernt, diese Sachen noch besser zu machen, zum Beispiel mit einem Schraubenzieher zu öffnen. Als ich wieder draußen war, bot sich dann auch schnell wieder die Möglichkeit, eben wenn du ohne Job, ohne Geld bist und nichts los ist. Und mit dem Schraubenzieher dauert es eine Sekunde, eben wie mit 'nem Schlüssel und die Türe ist auf.

„Jail-time oder Lebensabschnitt Knast“

Bericht eines Neunzehnjährigen

Dass ich mal ins Gefängnis komme, das habe ich eigentlich nicht so recht gedacht. Obwohl, als ich so elf oder zwölf Jahre alt war und öfters bei meiner Oma war, die hat mir damals schon gesagt, dass ich irgendwann mal ins Gefängnis komme, wenn ich so weitermache. Und wo ich dann da war, da hab ich mich dann daran erinnert.

Ich habe jetzt zweieinhalb Jahre Jugendstrafe bekommen wegen bewaffnetem Raub und Körperverletzung und bin jetzt seit gut sieben Monaten hier drin im Gefängnis. Bis man sich an alles gewöhnt hat, das dauert so maximal drei Monate.

Anfangs da denkt man schon viel nach über sich, seine Familie, Freunde, Freundin, über das Leben draußen und was man so alles verpasst und warum man jetzt hier ist. Man bereut da auch die Sachen, die man gemacht hat.

Danach, nach dieser Anfangsphase, da denkt man dann ganz anders, weil man sich an alles hier drinnen gewöhnt hat; man kommt sich dann nach einiger Zeit hier schon irgendwie zuhause vor, wie in seinem Zimmer sozusagen.

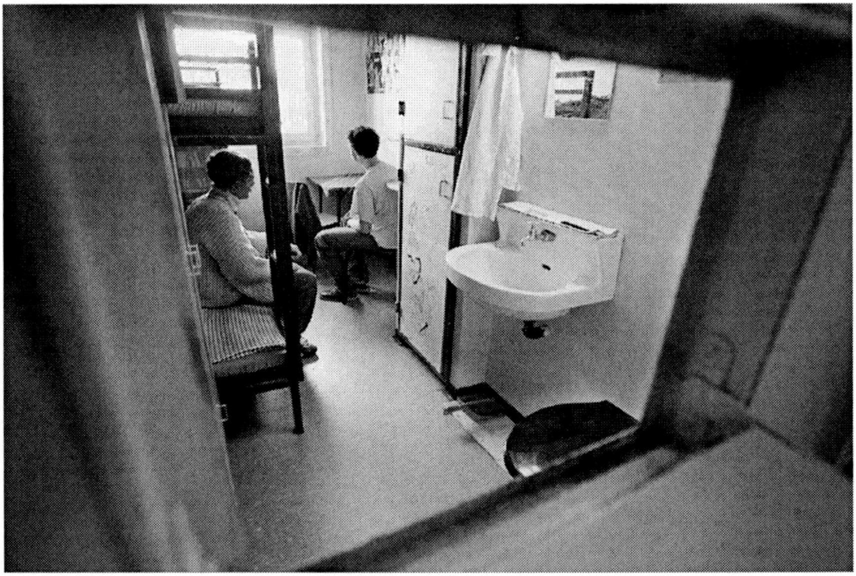

Foto: Faktum Weise

Wenn man sich eingewöhnt hat, vergisst man die Gitter und all das Zeug, es kommt einem vor wie das normale Leben, wie das Zimmer zuhause und irgendwann gehört man selber zum Inventar hier. Mir geht's eigentlich gut im Gefängnis im Gegensatz zu draußen. Ich war draußen abhängig und habe ein paar Wochen vor meiner Verhaftung angefangen zu spritzen. Sozusagen ist es direkt gut, dass ich ins Gefängnis gekommen bin, wer weiß, wo ich sonst wäre. Am meisten vermisst man aber schon den Lebensstandard, den man draußen gehabt hat, z.B. Filterzigaretten, Coca-Cola, die ganzen Markensachen und abends weggehen in die Disco, Freundin, Sex und die ganzen Sachen, Familie, eigenes Bett, seine Ruhe und so.

Hier musst du dir dann Stopftabak kaufen, nur das Billigste vom Billigen. Freiheit, klar, die vermisst man, aber dadurch, dass man nicht in Freiheit kommt und nicht immer daran denken muss, vergisst man mit der Zeit, wie das da draußen ist so und man macht sich keine großen Hoffnungen. Man hofft halt immer auf das Datum von der Entlassung, aber am besten, man denkt nicht daran, dann vergeht die Zeit am schnellsten und irgendwann ist dann halt der Tag X und man geht, ganz normal.

Gut, manche Leute, die bekommen auch einen Haftschaden. Bei uns war mal einer, der lief den ganzen Tag den Zellengang rauf und runter, Hände auf dem Rücken und der hat immer mit sich selber auf russisch gesprochen. Damit du keinen Haftschaden bekommst, musst du normal denken und an das, was passiert ist, musst du dich gewöhnen und halt fertig werden. Man hat sein Ding gemacht, man muss seine Strafe absitzen, da kann man nichts ändern. Wenn man jeden Tag auf seiner Zelle sitzt und heult, davon kommt man auch nicht früher raus.

Ich denke einfach nicht an draußen, die Gedanken sind hier. Ich überlege zum Beispiel, was ich nachher mache: Nachher muss ich noch zu dem und dem, das erledigen, Briefe schreiben; man sitzt mit den anderen Gefangenen zusammen, spielt Monopoly, kuckt Fernsehen, hört Musik, spielt Billard, redet auch miteinander, aber nicht über so tiefe Themen.

Wenn was von draußen erzählt wird, dann heißt's halt, oh, ich hab das und das gemacht, da Drogen verkauft, meine größte Menge war so und soviel. Man erzählt halt nur seine guten Geschichten, die guten Filme, die man gefahren ist. Aber von den schlechten Filmen, wo es einem mal voll dreckig ging, da erzählt keiner davon. Jeder will halt nur das Beste von sich erzählen.

Ob der Knast was bringt, ich weiß es nicht. Von den Drogen bin ich weggekommen bis jetzt. Ja, wie soll ich sagen, bei Kurzstrafen, so bis sechs Monate, da bringt es vielleicht was. Da weiß man es, da hat man es gesehen, sechs Monate, das ist wie so eine Art Austausch, als Schüler in ein anderes Land, mal das so kennenlernen. Und wenn das Land dann praktisch schlecht ist, will man da ja nicht mehr hin. So ist das auch im Gefängnis, man geht sechs Monate ins

Gefängnis, man sieht das dann alles und geht dann wieder raus. Außer einem, dem es vielleicht wirklich zu gut gegangen ist im Knast, der denkt, na ja was sind sechs Monate, ich scheiß da drauf, das ist passiert.

Also, normal und gut wären so bis sechs Monate; alles darüber, da wird man nur noch krimineller und groß bringen tut das nix. Außerdem glaube ich, dass der Knast heute härter geworden ist im Vergleich zu früher. Da ist halt viel von Ausländern überschwemmt worden. Früher, wo die Mehrzahl noch Deutsche waren, da sei das hier wie eine richtige Familie gewesen, wie so eine Art Internat, so sagen zumindest die Beamten. Und jetzt ist halt: alle gegen alle, Gruppe gegen Gruppe, die Rasse gegen die Rasse!

Und viele, die kommen immer wieder hier rein, zweimal, dreimal, viermal.... Die lernen halt nichts daraus.

Wenn die ganzen Leute beim ersten Mal nur zwei, drei Monate hier drin gewesen und dann wieder rausgekommen wären, die wären ganz anders geworden. Bei vielen hätte das gefruchtet. Gerade dadurch, dass das neu ist, kuckt man sich das alles an und so.... Solange man sich nicht in den Kreislauf mit einschließt, dann gewöhnt man sich auch nicht daran. Sobald man sich daran gewöhnt hat, dann ist es vorbei! Wenn man sich noch nicht daran gewöhnt hat, hat man immer noch das Ziel außerhalb!

Vieles von dem, was ich hier so erzählt und geschrieben habe, hört sich vielleicht sogar ein bisschen lustig und locker an, aber wartet nur, bis ihr mal drin seid, euch wird es auch allen dreckig gehen am Anfang!

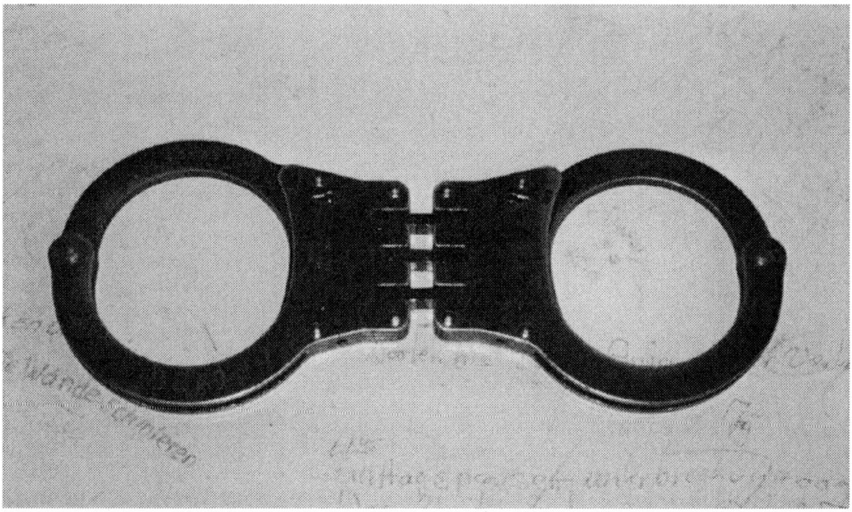

Foto: David Weipert

„Eingesperrt“

geschlossene Türen,
hinter denen ich mich verkrieche,
wo die Wahrheit sich versteckt
und Gefühle nichts bedeuten;
eine Welt in Depressionen,
Sehnsucht nach Verständnis,
Verlangen nach Liebe;
Tränen, die keiner sieht,
die Ängste wecken;
und Träume erscheinen
von Unabhängigkeit
und Freiheit.........

Gefangener, 21 Jahre,
5 Jahre Jugendstrafe
2002

„Probleme“

Du sitzt da,
ganz allein,
kannst dir nichts merken,
dir gehen ständig Sachen im Kopf herum !

Darum kriegst du Probleme
es werden immer mehr....
Wann werden sie aufhören,
aufhören, ständig zu wachsen ?
Sie können es nicht !

Doch dann, du liegst im Bett,
laufen dir Tränen über die Wangen.
Du hast Hass auf alles.
Dann schläfst du ein,
willst nie wieder aufwachen,
willst nur weg !

Gefangener, 21 Jahre,
5 Jahre Jugendstrafe,
2002

„Die Gedanken, die immer wieder kommen“

Notizen eines Neunzehnjährigen

Tag für Tag, Monat für Monat, Jahr für Jahr, immer das selbe. Ich versuche mich abzulenken durch Fernsehen, Radio hören, Unterhaltung mit anderen. Trotzdem verfolgen sie mich. Ich versuche, sie zu verdrängen; ich versuche, sie zu vergessen, aber sie kommen immer wieder. Ich höre Radio, denke an nichts bestimmtes, plötzlich kommt ein Lied, das ich hörte, als ich auf einer Party war oder das ich hörte, als ich mit meinen Freunden unterwegs war. Jetzt verfolgt mich der Gedanke an meine Freunde, an den Spaß, den wir zusammen hatten und unsere Taten.

Ich wäre jetzt gerne bei ihnen und genau hier wird mir wieder bewusst, dass ich das nicht kann. Ich sehe eine Sendung im Fernsehen und mir fällt wieder ein, dass ich sie mit meiner Familie schon mal gesehen habe. Ich frage mich, was sie jetzt macht und wie es ihnen geht. Da kommt mir wieder der Gedanke, dass ich jetzt gerne bei ihnen wäre, doch mir wird wieder bewusst, dass ich es nicht kann, ob ich will oder nicht.

Ich rede mit Leuten über Orte und Situationen, wir bemerken, dass wir an denselben Orten waren, in ähnlichen Situationen. Da kommt mir wieder der Gedanke daran, dass ich da gerne wäre, doch mir wird wieder bewusst, dass ich das nicht kann, ob ich will oder nicht. So kann ich den Spruch hier im Knast nicht annehmen:

„Sie können unseren Körper einsperren, aber unsere Gedanken sind frei!“ Denn ein Teil meiner Gedanken bleibt eingesperrt und sie kommen immer wieder, Tag für Tag, Monat für Monat.......

„Knast ist Terror"

Bericht eines Einundzwanzigjährigen

Ich bin einundzwanzig Jahre alt und habe eine fünfjährige Jugendstrafe erhalten, die ich seit gut zwei Jahren absitze.

Mir geht's hier nicht gut, vor allem in der Anfangszeit war es furchtbar schlimm für mich. Das hängt mit der Gewalt und den Sachen zusammen, die es hier im Knast so gibt.

Ich bin oder vielmehr ich war vorher immer ein ruhiger, friedlicher Typ. Aber als ich neu im Knast war und zum Beispiel meine ersten Einkäufe hier drinnen machte, kamen fünf Türken zu mir und haben mich erpresst, die Einkäufe an sie abzugeben. Wenn ich denen nichts abgegeben hätte, hätte ich Schläge bekommen, unter der Dusche oder irgendwo anders.

Man hat da echt Angst in so einem Moment. Du bist da ganz alleine und siehst die fünf Typen, die auf dich warten und die du nicht richtig kennst. Da kommen tausend Gedanken auf dich zu, ob du jetzt eine bekommst oder ob die dich kaputt machen oder so.

Ich habe das ja auch bei anderen zuvor gesehen und erlebt, bei Neuen, die keinen Einkauf abgeben wollten.

Der eine hat richtig Schläge bekommen, der hatte sich auch gewehrt. Der hatte einen Nasenbruch und hat brutal auf die Ohren bekommen.

Man bekommt das hier alles direkt mit, was so passiert, wir Gefangenen und auch die Beamten. Aber wenn du das einem Beamten erzählst, würdest du hinterher noch mehr Schläge bekommen und du stehst als Verräter da.

Die Sache läuft meist immer nach dem gleichen Muster ab.

Die schicken irgendeinen von sich, einen jungen, so einen Schlägertypen vor zu dir und sagen, auf, schlag den! Der kommt noch ganz freundlich zu dir – hallo, wie geht's und so – aber reden kannst du mit denen nicht. Und am Ende kommt immer das Gleiche, entweder du machst, was der will oder es gibt Schläge. Und das ist hier drinnen jeden Tag so!

Das ging auch bei mir monatelang so, bis ich mich dann mal irgendwann gewehrt habe, weil ich einfach keine Lust mehr hatte, immer für die praktisch einzukaufen. Als die einmal meinen Zellenkollegen unter der Dusche rangenommen haben und ich dazu gekommen bin, haben wir uns gewehrt zu zweit gegen fünf Türken. Einen von denen konnte ich wegmachen, dann sind die Beamten gekommen. Später bin ich dann aus Sicherheitsgründen verlegt worden.

Solche Sachen sind hier einfach normal, die gehören zum täglichen Knastleben. Vor allem Neue, oder Deutsche oder halt gutmütige Typen, die keinen Ärger wollen, sind davon betroffen. Das merkt man denen auch gleich an und bei den andern, vor allem bei den Russen, gelten die halt als Dummköpfe, mit denen man's machen kann.

Diese Anmache oder Drohung gibt es nicht nur beim Einkauf, sondern praktisch bei allen anderen Sachen auch. Es kann dir passieren, wenn du ein Radio hast, eine CD, bei Klamotten, Turnschuhen und so..........

Das geht ständig so ab hier mit dem Stress und dem Terror. Die meisten hier drin sind so drauf. Die wollen zeigen, wir sind der Boss oder so oder wir haben die Macht. Die kommen einfach in deine Zelle rein, allein oder zu mehreren. Viele bekommen da echt total Angst und bei manchen kann das auch ein Dauerzustand werden.

Die, wo hier drin was zu sagen haben und die die andern zum Schlägern losschicken, die leben hier immer echt gut und die sind auch die besten Freunde von den Beamten. Überleben kannst du nur, wenn du dich entweder irgendwann dagegen wehrst und auch schlägerst oder wenn du zum Beispiel nur eine kleine Strafe hast von vielleicht sechs Monaten, dann hoffst du, dass du das bald hinter dir hast.

Aber wenn du zu Beamten gehst, dann musst du hinterher auch die ganzen Konsequenzen tragen und die sind hart. Jeder weiß das dann. Das spricht sich sofort und überall herum. Da hast du dann kein so gutes Leben mehr im Gefängnis. Umgebracht haben sich im Knast auch schon Leute, aber direkt mitbekommen habe ich sowas noch nicht.

Einer ist vor einiger Zeit an einem Herzinfarkt gestorben, ein Deutscher, der wurde von einem Araber mit einem Besenstiel sexuell misshandelt und ist auch vergewaltigt worden. Und danach ist halt bei dem irgendwas passiert mit Herzinfarkt, so sagen die. Sexuelle Misshandlungen, das kommt schon öfters im Knast vor, vor allem durch Leute, die eine längere Haftstrafe haben; schlimm, solche Sachen, schlimm!

Es gibt natürlich auch die sogenannten Kinderficker, also Leute, die Kinder sexuell misshandelt haben. Die haben hier auch kein so gutes Leben, wenn das bekannt wird. Da war mal so einer von denen auf unserem Stock, das hat aber zunächst niemand gewusst, bis dann jemand von uns in dem seine Zelle ging und seine Akte gesehen hat. Dem wurde dann der Kiefer gebrochen und jemand wollte dem mit einer Rasierklinge noch in den Penis schneiden, aber soweit kam es dann nicht. Mit der Zeit werden die Leute hier im Gefängnis alle brutaler. Wenn ich ehrlich sein soll, gilt das auch für mich, obwohl ich früher ja immer ruhig und friedlich war und mir vieles habe gefallen lassen, aber jetzt nicht mehr.

Früher habe ich vieles hergegeben, auch mit Herz, aber wenn heute einer kommt und will was und ich will das nicht, dann muss er entweder raus gehen aus meiner Zelle oder er bekommt gleich was drauf.

Wenn ich sehe, dass auf meinem Stock irgendjemand von anderen fertig gemacht wird, eine Schlägerei halt, da halte ich mich raus. Aber in dem Moment verlierst du bei den anderen dein Gesicht, gilst als Feigling, wenn du beim Schlägern nicht mitmachst. Die sagen dann, dass du kein Mann bist und denken, dass man dir nicht vertrauen kann.

Oder neulich bei einer Schlägerei zwischen zwei Russen, wo einer sogar ein Messer in den Bauch bekam, habe ich natürlich auch nichts gesagt, also keine Aussagen gegenüber Beamten und so, weil ich keinen Ärger bekommen wollte. Als Strafe habe ich aber dann drei Wochen Bunker erhalten, weil ich keine Aussage gemacht habe. Egal, wie du dich verhälst, du bist da irgendwie in einer Zwickmühle.

Als ich wieder draußen war aus dem Bunker kamen zwei Russen, haben mich rechts und links gepackt und in die Zelle rein geschoben. Sie haben zu mir gesagt, dass ich jetzt ein kleines Geschenk von ihnen bekomme. Dann haben sie mir mit irgend so einem Apparat ein Zeichen auf meine Hand rein gedrückt, drei Punkte wie so eine Tätowierung; das bedeutet: ich sehe nichts, ich höre nichts, ich sage nichts!!!

Die schlimmsten Gedanken für mich hier drinnen sind die, wenn ich an meine Familie denke, an meinen Vater, an meine Mutter, an meine Freundin. Hier drinnen merkst du schnell, wer deine wirklichen Freunde sind, wer dir was bedeutet und zu dir hält. Von den meisten Freunden von draußen höre ich heute nichts mehr, da schreibt mir keiner mehr. Traurig, aber wahr.

Oder Weihnachten, Ostern, Geburtstag und so, das habe ich immer mit meiner Familie gefeiert und jetzt bist du hier alleine drin. Bei den Gedanken daran kannst du schon in ein tiefes Loch fallen. Du hast einfach keine Freiheit. Gott hat uns was geschenkt, unser Leben, unsere Freiheit und das ist hier drinnen weg. Mir fehlt meine Freiheit und mein Vater und meine Mutter. Nachts beim Einschlafen stelle ich mir auch vor, dass ich zuhause bei meiner Familie bin. Und dann wache ich auf und sehe die vier Mauern von meiner Zelle.

Wo ich mal auf Transport war und raus aus dem Knast hier gekommen bin, zwar auch mit Handschellen und in einen anderen Knast gefahren wurde, das war schon ein unbeschreibliches schönes Gefühl, einfach raus zukommen.

Ich habe die Sonne wieder gesehen, Autos oder ein Pferd und so; das sind zwar Kleinigkeiten, aber ich habe da sieben Monate kein Auto mehr gesehen, zum Beispiel. Das war ein schönes Gefühl oder als das Tor vom Gefängnis aufgegangen ist.

Die meisten anderen im Knast denken, glaube ich, nicht so. Die Drogenleute, wie mein Zellengenosse, der keinen Kontakt mehr zu seinen Eltern hat, die denken nur daran, dass ihnen die Drogen fehlen; obwohl, Drogen gibt's ja hier auch genug. Neulich haben sie erst wieder eine größere Menge Heroin und eine richtige Spritze hier gefunden. Oder andere, die denken nur daran, was sie nach ihrer Entlassung alles wieder drehen können; man wird hier eher noch krimineller. Das, was du draußen noch nicht gelernt hast, lernst du hier drinnen. Das spricht sich einfach rum. Viele reden ständig nur über so etwas.

Das Leben hier drin ist nicht gut, du wirst entweder noch gemeiner oder halt aggressiv. Irgendwie ist es eine Art Dauerstress für mich, du musst ständig aufpassen und auf der Hut sein, was vor dir, neben dir und hinter dir abgeht!

SACHVERHALT:

Der Angeschuldigte war auf einer 2-Mann-Zelle in der Justizvollzugsanstalt [redacted] untergebracht. Am [redacted] schlug er ohne irgendeinen Anlaß zu haben auf seinen Zellengenossen [redacted], welcher bereits geschlafen hatte, ein. Zunächst schlug er ihm mehrfach mit der Faust ins Gesicht, wodurch [redacted] einen Kratzer an der Schläfe davontrug. Dann nahm er eine Teekanne aus Stahlblech und schlug mit ihr gegen den Kopf von [redacted], welcher nach einer reflexartigen Drehung an der rechten Kopfhälfte getroffen wurde. Er erlitt dadurch eine 5 cm lange Platzwunde.

1 Vergehen der gefährlichen Körperverletzung gemäß §§ 223, 224 StGB in Verbindung mit §§ 1, 105 ff JGG

Faustschläge auf die linke Wange, während [redacted] den Geschädigten festhielt. Durch die Schläge platzte die Oberlippe [redacted] auf und er erlitt eine Schwellung der linken Wange. Als dies am nächsten Tag einem Beamten auffiel, gab [redacted] diesem gegenüber aus Angst vor weiteren Schlägen an, es handele sich um eine Zahnfleischentzündung. Diese Angaben wiederholte er auch später auf dem Krankenrevier und beim Zahnarzt, zu dem er geschickt wurde.

Am [redacted] zwischen 22.00 Uhr und 22.40 Uhr führte [redacted] in der gemeinsamen Zelle erneut bei [redacted] den Analverkehr durch, wobei es ihm in erster Linie darum ging, [redacted] zu erniedrigen. [redacted] ließ unter dem Eindruck der bisher erlittenen Schläge und sonstigen Mißhandlungen [redacted] ohne äußerlich erkennbaren Widerstand gewähren. Dabei war [redacted] jedoch klar, daß [redacted] mit seinem Verhalten nicht einverstanden war.

Am Abend des [redacted] versetzte [redacted] in der gemeinsamen Zelle dem [redacted] erneut mehrfach heftige Schläge mit den Handfläche ins Gesicht. Einer der Schlä-

1. Am [redacted] gegen 07.15 Uhr versetzte der Angeschuldigte, der sich gemeinsam mit dem geschädigten [redacted] in einer Gefangenenzelle eines Transportbusses auf der Fahrt von der JVA [redacted] zur JVA [redacted] befand, nach vorausgegangener verbaler Auseinandersetzung zwei Faustschläge in das Gesicht des Geschädigten. Dieser erlitt hierdurch eine Nasenbeinfraktur.

2. Am [redacted] zwischen 17.00 und 18.00 Uhr umfaßte der Angeschuldigte den Hals des Geschädigten, der sich gemeinsam mit [redacted] in einer Zelle in der JVA [redacted] aufhielt und würgte diesen erheblich und über längere Zeit, so dass der [redacted] erhebliche Schmerzen erlitt und zeitweilig keine Luft mehr bekam.

3. Am [redacted] zwischen 09.00 und 09.30 Uhr sprach der Angeschuldigte über das Zellenfenster der JVA [redacted] den neben ihm in einer weiteren Zelle befindlich geschädigten [redacted] an und teilte ihm folgendes mit:

"Wenn du in Zukunft ein angenehmes Leben führen willst, dann ziehe die Anzeige zurück, es ist besser für dich und für mich, ich hetze die Russen auf dich und deine Freunde."

Auszüge aus Urteils- und Anklageschriften von Jugendlichen

„Über Leute, die die Arschkarte ziehen "

Bericht eines Siebzehnjährigen

Leute, die nicht soviele Kontakte haben im Knast, die werden gnadenlos ausgenutzt. Denen wird der Einkauf weggenommen, die müssen nackt auf den Tischen tanzen, die werden in Schränke eingesperrt und solche Sachen. Leute, die niemanden von draußen her kennen, die halt nichts sind oder Vergewaltiger, Kinderschänder, die müssen hier drinnen die Arschkarte ziehen. Die müssen dann da drunter leiden und wenn man einmal leidet, leidet man immer.

Man bekommt das schon mit, wer hier warum einsitzt. Bei den Neuen wird gleich mal die Zelle kontrolliert und in den Anklageschriften oder Urteilen gekuckt, warum die hier sind. Und wenn dann Vergewaltigung oder so draufsteht, dann wird dem erst mal der Einkauf weggenommen und lauter so Zeug, was den anderen Jugendlichen halt so in den Sinn kommt.

Ein Neunzehnjähriger zum Beispiel, der hier bei uns einsitzt, der musste abends für die anderen tanzen. Der musste sich ans offene Zellenfenster stellen, nackt und musste für die anderen tanzen, so halt, dass die vom anderen Bau das auch sehen konnten und sozusagen Unterhaltung hatten. Dem wurde dann auch noch die Klobürste in den Mund gesteckt und lauter so Sachen. Und die anderen haben zugekuckt und sich den Arsch darüber gelacht. Das ging bestimmt 'ne halbe Stunde so, der durfte halt nicht aufhören zu tanzen, sonst hätten die was weiß ich mit dem gemacht. Dem war das voll peinlich, der hat sich geniert; aber was bleibt dem sonst übrig, bevor die anderen ihn packen.

Manche müssen auch nackt über den Zellengang laufen. Oder einer, der wurde ausgezogen, dann wurden ihm mit dem Gürtel die Hände auf dem Rücken zusammen gebunden und dann wurde er aufs Bett gelegt und dann sind sie mit ihren nackten Ärschen auf ihm rumgehockt; danach haben sie ihn gepackt und in den Schrank rein gesperrt und den auf den Deckel gelegt so für zwei Stunden. Dann wurde er wieder raus geholt und es wurde ihm ein Kugelschreiber in den Arsch gesteckt und so ein Gummihandschuh zum Saubermachen über den Kopf gezogen, also bis zur Stirn ungefähr; dann wurde er noch unters kalte Wasser gelegt.

Manche werden auch in ihr Betttuch eingewickelt, Knoten drum und dann werden die wie so ein nasser Sack Kartoffeln über den Gang geschleift, Treppe runter und so. Einer musste sogar mal auf dem Billardtisch seinen Kopf hinhalten und dann wurden ihm die Billardkugeln auf den Kopf geschossen, so mit Zack halt. Freiwillig macht da natürlich keiner mit, das ist alles Zwang; und Unterhaltung für die andern wegen der Langeweile hier drin. Und außerdem, so ein Vergewaltiger, der sich an Behinderten oder Kindern vergangen hat, das ist unterste Stufe und das wird genauso gleich gestellt hier im Knast wie Aussage machen oder zum Beamten rennen. Die richtige Strafe für so Leute ist halt die, dass die anderen Gefangenen den richtig bestrafen.

Es gibt natürlich auch noch ganz andere harte Sachen hier; neulich zum Beispiel haben sie einem hier drinnen angebliche Drogen verkauft; also dem haben sie ein Briefchen mit Pulver gegeben, das in Wirklichkeit Klo-Reiniger war. Der hat sich das Zeug dann die Nase hochgezogen. Jetzt ist er seit einigen Tagen im Krankenhaus; der hatte Verätzungen und dauernd Blut gepisst......

Lauter solche Aktionen gibt es halt hier drinnen !

Nach dieser Tat schlugen beide Angeklagten in der Folgezeit immer wieder [redacted] ohne Grund, wobei diese Schläge dazu dienten, diesen weiter einzuschüchtern. Zu diesem Zweck und auch deshalb, weil es ihm einfach Freude bereitete, würde [redacted]on [redacted] auch einmal bis zur Bewußtlosigkeit gewürgt. Mögliche Gedanken [redacted] sich an die Beamten zu wenden, zerstreuten die beiden Angeklagten dadurch, daß sie ihm androhten, ihm werde noch schlimmeres geschehen, wenn er den Mund aufmache.

An einem nicht mehr genau feststellbaren Tag zwischen dem [redacted]. und dem [redacted] forderten beide Angeklagten [redacted] aufgrund gemeinsamen Tatentschlusses auf, einen Abschiedsbrief an seine Freundin zu schreiben. Dabei gaben beide vor, [redacted] würde jetzt hingerichtet werden. Hierbei ging die Initiative in erster Linie von [redacted] aus. Im Hinblick auf die erlittenen Schläge und Drohungen schrieb [redacted] den Brief. Anschließend veranlaßten ihn beide Angeklagten mit der Drohung, es ansonsten selbst zu tun, den Kopf in eine aus einem Verlängerungskabel geknüpfte Schlinge zu legen, die über der Toilette an einem Rohr aufgehängt war. Danach ließ sich [redacted] unter dem Eindruck der Anwesenheit der beiden Angeklagten und der von ihnen ausgesprochenen Drohungen, nachdem er zuvor schon auf dem WC gestanden hatte, mit der Schlinge um den Hals von der Toilettenschüssel gleiten, so daß er mehrere Sekunden frei in der Schlinge hing. Hierdurch geriet [redacted] in Todesangst und

Auszug aus einem jugendrichterlichen Urteil

„Drogen im Knast“

Bericht eines Einundzwanzigjährigen

Genau kann ich mich gar nicht erinnern, wie lange ich insgesamt im Gefängnis bin; da muss ich erst mal überlegen. Ich schätze mal, so insgesamt drei Jahre. Dreieinhalb Monate sind mir außerdem gar nicht angerechnet worden. Nach einer „Blitzentlassung“ kam ich raus und vier Monate später schon wieder rein für zwei Jahre und einen Monat. Also insgesamt dürften es schon gut drei Jahre Knast sein.

Tja und wo war ich schon überall? Wenn ich die ganzen Transportsachen dazu zähle, dann war ich in ... im Gefängnis; die meiste Zeit im Jugendknast in ... , aber auch einige Monate in ... und in ... ; als Zwischenstation war ich noch in ... , einmal auch in ... ; und in ... war ich auch noch. Ich bin schon ganz schön rumgekommen!

In den Knast musste ich vor allem wegen Körperverletzungsdelikten. Die hingen zum Teil auch mit meinen Drogensachen zusammen und wegen verschiedener Verstöße gegen meine Bewährungsauflagen. Irgendwann kamen dann immer wieder die Bewährungswiderrufe und ich musste halt rein.

Wie alt ich bei meiner ersten Verhaftung war, kann ich gar nicht genau sagen, aber ich schätze mal, dass ich so siebzehn Jahre alt gewesen sein dürfte. Ich hatte damals einen Gerichtstermin, da bin ich hingegangen und am Ende der Verhandlung haben sie einfach einen Haftbefehl gegen mich beantragt und da bin ich dann abgeführt worden. Ich habe eigentlich nicht so sehr damit gerechnet, dass sie mich gleich verhaften; das kam schon richtig aus heiterem Himmel für mich.

Ich bin mir dann vorgekommen wie ein Hund, der in seinen Käfig gesperrt wird, wie ein Tier halt und ich konnte es irgendwie gar nicht richtig begreifen, dass ich jetzt drin bin. Plötzlich haben sie zu mir gesagt: „Ab in die Zelle!“ und fertig. Wie ein Hund halt.

Später haben sie mich dann nach ... in den dortigen Jugendknast gebracht, in den Bau .... Ich wusste, dass mein Bruder auch dort sein musste. Bevor sie mich in die Zelle gesteckt haben, hab ich dann laut einfach mal seinen Namen nach draußen geschrien und dann kam mein Bruder gerade aus seiner Zelle raus oder er hat irgendwo geduscht. Der war ziemlich überrascht, dass ich jetzt auch hier drin bin und er hat gemeint, was ich denn hier suche.

Auf jeden Fall habe ich mich dann schon besser gefühlt, als ich ihn gesehen habe. Viel sprechen konnte ich da aber nicht mit ihm, da sie mich gleich auf meine Zelle gebracht haben. Dort habe ich dann irgendeine Liste von den Beamten bekommen und ich musste unterschreiben, was ich alles bekommen habe und dass die Zelle okay ist. Die Zelle war echt dreckig dort und ich bin mit dem

Typen, mit dem ich zusammen auf Transport war, auch in die gleiche Zelle gekommen. Das war in Ordnung so, vor allem weil der aus der gleichen Stadt wie ich war. Wir waren zwar in vielem nicht einer Meinung, aber egal. Der hatte anfangs ordentlich Entzug geschoben, weil er auch auf Drogen war wie ich, ganz schön heftig, aber bei mir war es nicht so schlimm. Die Anfangszeit im Knast ist ganz schön schwierig und blöd, bis du alles blickst, wie es läuft und wie du dich am besten verhalten musst. Und das Essen war auch total ungewohnt für mich dort, kein Geschmack, das war die Hölle. Da habe ich schon gedacht, o Gott, wo bist du hier gelandet.

Gleich zu Anfang da war da zum Beispiel so ein Vorfall, da kam ein Beamter zu mir nach zwei Wochen und sagte: „UK". Dabei wusste ich gar nicht, was das soll und was ich ihm antworten musste. Ich wollte dann von ihm wissen, was „UK" bedeutet und er meinte nur kurz angebunden, entweder „UK" abgeben oder verweigern! Entschlossen habe ich mich dann sicherheitshalber mal fürs Verweigern, wobei ich ehrlich gesagt in dem Moment auch nicht recht die Bedeutung von verweigern verstand. Ich kapierte da gar nichts, okay.

Nun gut, so lief das eben in der Anfangszeit. Dann einen Tag später bei meinem Hofgang habe ich meinen älteren Bruder wieder getroffen und der hat mich erst mal aufgeklärt, wie das hier überhaupt so abläuft. Ihm habe ich auch das Beispiel mit dem „UK" erzählt. Er erklärte mir dann, dass „UK" Urinkontrolle bedeute, mit der sie hier feststellen können, wer Drogen genommen hat. Es sei auf jeden Fall besser, so mein Bruder, eine „UK" abzugeben als zu verweigern, egal ob man was drin habe oder nicht.

Zu der Zeit war ich ja eh voll auf Drogen und da war meine „UK" logischerweise total verseucht mit Drogen. Da hätte es sowieso keine Rolle mehr gespielt und ich hätte auch abpissen können, wenn ich die Bedeutung von „UK" gleich richtig verstanden hätte. Auf jeden Fall musste ich dann wegen meiner Verweigerung gleich zu einer Beamtin gehen, die für unser Stockwerk, aber auch noch andere zuständig gewesen ist und die auch meinen Bruder gut kannte.

Ich ging dann also zu diesem Rapport und sie hat mir gleich meine Verweigerung an den Kopf geworfen. Sie meinte, mein Bruder oder andere hätten mich doch bestimmt schon aufgeklärt, was aber zu dem Zeitpunkt ja noch gar nicht der Fall gewesen ist. Von dieser Beamtin habe ich dann gleich eine Sicherheitsmaßnahme bekommen, das heißt, praktisch die ganze Zeit auf der Zelle verbringen zu müssen. Dabei war doch die gemeinsame Freizeit, wo man die anderen Leute trifft, so wertvoll.

Ich war also 24 Stunden auf der Zelle und zwei Mal in der Woche duschen und das Ganze ging insgesamt drei Wochen lang. Diese Aktion war glaube ich nicht nur wegen meiner Verweigerungshaltung, sondern die wollten mir vor allem eins reindrücken wegen meinem Bruder, der hier im Knast gut bekannt war und der halt viel Mist gebaut hat hier drin. Dem wollten sie damit bestimmt auch noch eins auswischen.

Mein Bruder hat mir in der damaligen Zeit viel geholfen da drin, obwohl ich ja unter Verschluss war. Der hat mir immer gekochtes Essen runter geschickt, hat mir ab und an auch Drogen runter geschickt auf meine Zelle. Er hat halt so gut wie möglich versucht, dass ich da drin klarkomme. Und am Anfang, da war das wirklich schwer für mich, gleich solche Bretter zu bekommen von denen, so grundlose.

Die wichtigste Regel, die ich am Anfang zu lernen bekam, war die, mir ja nichts gefallen zu lassen von den ganzen Pennern hier drin. Gleich drauf hauen, wenn die frech werden! Das ist wichtig gegenüber den anderen Gefangenen. Wenn die blöd kommen, gleich drauf hauen! Ja keinen Respekt zeigen! Aber das war dann gar nicht mal so oft nötig, wenn man diese Regel kapiert hat.

Ein anderes Mal, als sie mich in die Zelle zu so einem komischen Typ gelegt haben, der nur genervt hat und den man nicht schlagen konnte, den habe ich halt einfach angepinkelt und dann gab der Ruhe.

Wie gesagt, der Anfang im Knast, der ist echt schwer. Man vermisst einiges und man muss sich an alles hier drinnen gewöhnen. Das ist wirklich schwer, obwohl mein Bruder ja hier auch drin war und mir geholfen hat.

Nachteile hatte es natürlich auch für mich, dass mein Bruder hier war und die Beamten deshalb ein schlechtes Licht auf mich warfen. Die haben mich gleich abgestempelt als Hochkriminellen, als Drogendealer, der hier auch gleich dealen will. Solche Dinger halt. Ich war halt irgendwie abgestempelt von denen.

Mit der Zeit fällt dir dann das Leben hier drinnen aber schon leichter, leichter sogar als draußen, zum Beispiel der ganze Tagesrhythmus. Du hast hier dein Geschäft, stehst morgens um 6 Uhr auf, trinkst Kaffee, bist um 6.30 Uhr im Geschäft, dort triffst du dann die ganzen Leute; so ist halt der normale Tagesablauf. Dann redet man mit denen über verschiedene Dinge, macht Geschäfte, dealt und zieht die Leute ein bisschen auf, brennt Alkohol; nicht direkt brennen, sondern Most machen, solche Dinge halt. Und das geht auch während der Arbeit ganz gut. So kommt man halt viel rum, lernt viele Leute kennen, die auch schon länger drin sind.

Drogen gibt es viel, manchmal auch wenig, manchmal auch gar nichts. So richtig gut drauf auf Drogen kannst du hier drin aber nicht sein. Drogen sind insofern gut, dass du den Tag besser vergessen kannst, du bist dann mehr relaxed, denkst nicht so viel nach. Deshalb nehmen die ganzen Häftlinge hier auch Drogen. Reinkommen tut das Zeug auf verschiedenen Wegen, zum Beispiel durch die Leute, die Ausgang haben oder durch Besucher. Wenn man mehr im Geschäft ist, lässt man sich Pakete reinschicken, bringt es über präparierte Schuhe rein, da gibt's viele Wege und Möglichkeiten. Oder mit Pendeln, die Methode ist auch sehr bekannt, aber alt. Man bindet eine Dose oder eine

Klopapierrolle an eine Schnur, wirft die über die Mauer nach draußen, wo Leute warten und dann den Stoff anbinden. Dann zieht man die Schnur wieder rein. Oder Leute werfen das Zeug von außen über die Mauer und der Reiniger bringt es dann mit rein. Freigänger liefern auch öfters mal was ab. Vor allem die alten Knäste, die waren echt verseucht.

Manche schlucken auch Kondome ab, die mit Drogen gefüllt sind oder stekken es sich in den Arsch rein. Manche, die raus gehen, die werden auch so stark überredet, was mit reinzubringen, dass die gar nicht anders können. Manchmal ist da schon Zwang dabei, denen wird schon richtig ins Gewissen hinein geredet; einige kommen sich aber auch wichtig bei solchen Aktionen vor.

Nachstellungen seine Ruhe zu haben, gab der Geschädigte dem Angeklagten [redacted] über einen längeren Zeitraum in 8 – 9 Fällen jeweils die Hälfte seines Einkaufs – Zusatznahrungs- und Genussmittel im Gesamtwert von ca. 600,00 DM – um auf diese Weise seine angebliche Schuld zu tilgen. Zuvor hatte der Angeklagte [redacted] bei seiner Forderung auf Ablieferung eines Teils des Einkaufs den Geschädigten zu nicht mehr feststellbarem Zeitpunkt mit dem Fuß getreten, um seiner Forderung Nachdruck zu verleihen. In der Folgezeit wurde der Geschädigte am 15. oder 16. Oktober [redacted] kurz vor seinem Wochenendurlaub von dem Angeklagten [redacted] aufgesucht und unter Bezugnahme auf die bereits seit geraumer Zeit im Raume stehenden und angedrohten Schlägen aufgefordert, nach dem Hafturlaub „Material" mitzubringen. Allen Beteiligten war klar, dass es sich hierbei um Heroin handelte, zu dessem Einbringen der Geschädigte aufgefordert worden war.

Um auch dieser Forderung Nachdruck zu verleihen, kam am nächsten Tag der Angeklagte [redacted] und wiederholte die Forderung. Tags darauf wurde die Forderung durch den Angeklagten [redacted] wiederholt. Nach einem dreitägigen Hafturlaub versuchte der Geschädigte [redacted] tatsächlich insgesamt 5 Gramm Marihuana, die er in 5 Mundplomben in seinem Magen verschluckt hatte, in die JVA einzuschmuggeln. Dieses Marihuana wurde ihm jedoch abgenommen. In der Folgezeit, zuletzt im [redacted] wurde er jedoch mehrfach von den Angeklagten [redacted] und [redacted] aufgefordert, entweder 1.000,00 DM Bargeld zu bezahlen und zusätzlich 5 Gramm Heroin einzuschleusen. Dabei hat der Angeklagte [redacted] bei einer dieser Forderungen dem Geschädigten eine Frist bis Weihnachten gesetzt und ihm angedroht, man werde in abstechen. Darüber hinaus hat ihn der Angeklagte [redacted] bei einer dieser Forderungen ein paar Ohrfeigen gegeben. Über den gesamten Zeitraum von [redacted] lebte der Geschädigte in Angst vor den Angeklagten.

Nach den glaubhaften Aussagen des Geschädigten [redacted] bestand die gesamte „Russengruppe", die ihn damals unter Druck gesetzt hat, nicht nur aus den Angeklagten, sondern aus zusätzlichen, ihm jedoch unbekannten russlanddeutschen Strafgefangenen. Sie alle haben bei fast jeder Begegnung mit dem Geschädigten ihn an seine „Schulden" erinnert und dies über einen Zeitraum von ca. ½ Jahr. Nach seinen Worten

diesen gesteigert und dadurch die Macht und den Einfluss der Gesamtgruppe für das Opfer verstärkt. Mehrfach hat der Geschädigte zum Ausdruck gebracht, er habe für sich selbst keine Möglichkeit gesehen, diesem Druck auszuweichen, er habe insbesondere die Möglichkeit, sich Bediensteten der JVA zu offenbaren, von vornherein als aussichtslos erachtet. In einem solchen Fall fürchtete er – wohl zu Recht – dass dann weitere und schwerere Repressalien der Angeklagten und ihrer Mittäter zu erwarten wären. Erst als er auf frischer Tat und im Besitz von 5 Gramm Marihuana erwischt worden war, also [redacted] hat er sich entschlossen, gegenüber dem Polizeibeamten [redacted] die oben geschilderten Vorgänge zu berichten.

Auszug aus einem jugendrichterlichen Urteil

Einer hat mal eine gute Aktion gebracht, der hatte ein Verhältnis mit jemand von drinnen, aber das kann und will ich jetzt hier nicht näher erzählen. Auf jeden Fall kam da ein ganzes Paket voller Drogen rein. Man braucht halt gute Kontakte zu Leuten von drinnen und draußen, Vertrauen halt. Im Knast gibt's Drogen aller Art; beliebt ist aber mehr Heroin, Haschisch, Gras, Gras vor allem. Es gibt schon alle Drogen und es gibt halt jeweils die Leute dazu. Der eine hat halt mehr Kontakt zu Tickets, zu Pillen, davor würde ich aber am meisten abraten.

Die Beamten wissen das mit den Drogen zum Teil schon, aber wie das genau läuft, nicht. Mit den Drogen läuft das oft gruppenweise ab. Wenn einer was in die Hand bekommt, gibt er mir oder einem anderen was ab und der gibt's dann wieder weiter. Verkaufen tun wir auch. Oder wenn man mal was bestimmtes reinbekommen will, wo man nicht so gut rankommt, dann wird Geld gesammelt, welches zuvor reingeschmuggelt wurde. Dann wird das Geld rausgeschickt und draußen wird das Zeug gekauft, das wir haben wollen.

Im Knast nehmen eigentlich fast alle Drogen, in der Freizeit, auf dem Hofgang, überall, wo es geht. Man nimmt das Zeug, damit man den Tag vergisst oder wenn man von draußen schlechte Nachrichten bekommt, ist es auch besser, man nimmt Drogen, sonst lässt man die Aggressionen nur an anderen raus.

Es gibt auch viele Leute, die schon eine Überdosis gehabt haben oder knapp davor standen. Gerade bei den Russen kommt das öfters vor. Da kommt halt auch viel Dreckware herein, das kann nur so sein. Die Russen, die verteilen das an jeden von sich. Wenn die mal an einem oder zwei Tagen 10 – 15 Gramm haben, dann verteilen die das auch an jeden von ihrer Gruppe, dass jeder was hat. Bei den Russen ist das so, dass da eigentlich jeder von denen was nehmen sollte, das wird so erwartet! Manchmal gibt's natürlich auch Sparmaßnahmen, dann bekommt keiner was, aber wenn genug da ist, dann sollte auch jeder was nehmen. Wenn einer nichts nehmen will, gilt er bei manchen schon als Feigling, wobei die Chefs von denen sich darum nicht kümmern. Denen ist das egal. Das sind dann eher die Kleineren, die halt stressen wollen. Drogen im Knast sind zum Überleben wichtig, dass man halt mehr relaxed und ruhiger ist. Deshalb ist das wichtig.

Ich, ich war auch schon draußen drogenabhängig und das ganz heftig. Aber mein Wunsch war irgendwie immer der, das ich von den Drogen wegkomme, weil das zu arg war. Ich war Dreck, so kann man sagen! Aber drinnen ist es halt zum Abschalten-Können wichtig. Gespritzt wird im Knast auch; da wird eine Spritze an zehn Leute weitergegeben, viele stecken sich mit Hepathitis an, das ist gerade bei den Russen so arg. Mit Kulimienen zu spritzen, das ist ein dummes Geschwätz, das funktioniert kaum, das hat man vielleicht früher mal so gemacht, aber heute nicht mehr. Im Jugendknast läuft auf jeden Fall sehr viel mit Drogen. Was die Leute insgesamt hier im Knast so wirklich denken, dass weiß ich nicht und das sagt auch keiner von denen. Wie es wohl jemand geht, der weiß, dass er in zwei Tagen abgeschoben wird? Aber der erzählt meist nur das Gute. Wenn zum Beispiel jemand von uns Türken abgeschoben wird, der hier geboren und aufgewachsen ist, der wird's schon verdammt schwer haben.

Mein eigener Bruder, der abgeschoben wurde, der hat auch was anderes erzählt als das, was er gedacht hat. Aber ich hab das dann schon gemerkt, weil ich sein Bruder war und er sich mir dann noch anvertraut hat. Der war vielleicht gerade mal zwei Jahre in der Türkei in seinem ganzen Leben. Jetzt ist er fünfundzwanzig und der hat schon gemerkt, dass das schon schwer dort wird.

Aber geheult hat er trotzdem nicht, da war er stark!

Drei Häftlinge beim Planen der Flucht!

Sagt der Erste:

„Wir besorgen uns Koks und rennen mit dem Kopf durch die Mauer!“

Der Zweite dazu:

„Nein, lieber LSD und wir fliegen im Wahn über die Mauer!“

Kommentar des Dritten:

„Rauchen wir lieber nen Joint und verschieben das Ganze auf Morgen!“

Witz, der in Jugendstrafanstalten erzählt wird

„Vergessen“

Gedanken eines achtzehnjährigen Häftlings

Oftmals vergesse ich, wo ich bin.
Ich vergesse, was ich getan habe.
Vergesse, was hinter mir liegt.
Vergesse, was noch kommt.

Ich bin froh, dass ich es vergessen kann.
Wenn ich all das nicht vergessen könnte,
würde es unaushaltbar sein hier.
Ich kann es zwar nicht ganz vergessen,
aber zumindest für einige Stunden am Tag.

Wenn ich es nicht vergesssen könnte,
würde ich hier als Freak rauskommen.
Man verdrängt, dass man sich nur
von 3 auf 5 Meter bewegen kann.
Ich verdränge, dass meine Freunde Spass haben.
Ich verdränge, dass ich meine Familie vermisse.

Doch es kommt alles zurück.
Es kommt hart und schnell.
Ich bin im Knast.
Ich habe einen Raub begangen.
Ich habe schon eineinviertel Jahre Knast hinter mir.
Ich habe noch zwei Jahre vor mir.

Und genau jetzt wünsche ich mir,
dass ich das wieder vergesse.
Dass es zumindest wieder
für ein paar Stunden leichter wird.

„Most ansetzen und Prost“

Bericht eines Achtzehnjährigen

Also im Gefängnis wird Most so hergestellt, dass man hundertprozentigen Apfelsaft oder Orangensaft nimmt, den man hier drin bekommt, dazu Orangenfrüchte und das Ganze tut man dann in einen Behälter.

Wir nehmen da immer unseren Mülleimer von der Zelle, den wir vorher richtig gründlich putzen tun. Dann kippen wir den Saft da rein und die Früchte und ein bisschen Hefe, die wir irgendwoher über Beziehungen von der Küche im Knast bekommen.

Dann kommt ein Müllsack aus Plastik über den Eimer, dass der gewissermaßen abgedichtet ist, aber nicht ganz vollständig, sondern so, dass sich der Müllsack entfalten kann. So entsteht eine Gärung innen drin und der Sack pumpt sich auf. Wenn das der Fall ist, lässt man die Luft raus und wenn sich das Ganze so circa dreimal aufgepumpt hat, dann ist der Most so ungefähr reif und trinkbar.

Wenn man Hefe hat, dauert die Sache vielleicht vier bis fünf Tage, bis dass der Most tip top fertig ist! Hat man gerade keine Hefe zur Hand, so kann man zur Not auch mal Weißbrot-Teig nehmen, aber da dauert’s dann noch länger.

Wir machen dann schon einige Liter von dem Zeug, was weiß ich, vielleicht so fünf Liter. Der volle Witz war ja einmal, als ich in einem anderen Knast war, in ..., da musste ich für andere Jugendliche für’s Wochenende fünfzig Liter Most bei mir im Zellenschrank unterbringen!

Wenn mich da die Beamten erwischt hätten, da hätte ich auf jeden Fall Einkaufssperre und und bekommen. Also, der selbstgemachte Most, der wirkt auf jeden Fall wie Alkohol, der bläht zwar den Bauch ein bisschen auf, aber sonst klappt das voll gut. Zwei oder drei Becher von dem Zeug gehen schon und dann ist man voll!

„Bau ist Gewöhnungssache“

Bericht eines Neunzehnjährigen

Ich habe eine Gesamtjugendstrafe von drei Jahren bekommen und jetzt bin ich seit meiner letzten Verhandlung wieder seit drei Monaten hier drin.

Das erste Mal wurde ich vor ungefähr vier Jahren verhaftet, da war ich fünfzehn Jahre alt, war zwei Monate in U-Haft und wurde dann wieder entlassen. Dann war ich vier Monate draußen und bin dann wieder in Haft gekommen für etwa fünf Monate. Jetzt war ich zwei Jahre draußen und dann halt Bewährungswiderruf und Knast.

Meine jetzige Strafe habe ich wegen Drogen bekommen. Mein Entzug von Drogen ist vorbei, aber das Verlangen nach den Drogen ist noch nicht ganz weg bei mir. Hier in dem Knast geht's, es ist viel besser als in dem Knast, in dem ich vorher war. Es ist hier viel lockerer, vor allem weil hier nur Jugendliche sind und keine Erwachsenen wie zuvor und außerdem viele Landsleute. Auf der Gruppe, wo ich bin, sind noch so schätzungsweise fünfzehn andere Russen.

Ich komme hier eigentlich gut klar, nur für die Neuen ist's vielleicht am Anfang schwer. Nur die Beamten, die kotzen mich so langsam an, man muss alles nach denen ihren Regeln machen. Die sind auch einfach frech zu einem. Vor kurzem wollte ich auch einen von denen mal schlagen, weil ich eine Freizeit-

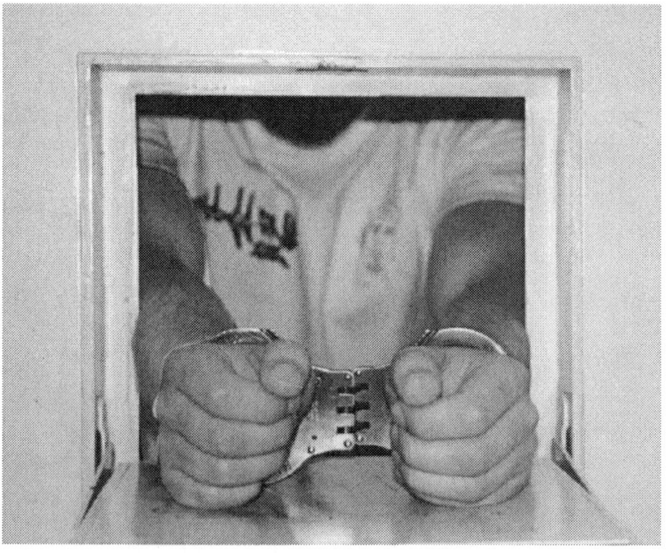

Foto: David Weipert

sperre bekommen habe. Wir sind natürlich zu denen genau so wie die zu uns! Die älteren Beamten, die gehen meistens, aber die Jungen, die sind frech!

Wir Russen, wir sind hier meistens zusammen, außerdem kennen sich die meisten von draußen und da kann man auch gut miteinander über die Sachen von draußen reden. Und Einkauf und solche Sachen, die machen wir hier gemeinsam miteinander.

Zur Zeit ist es unter uns recht ruhig, aber vor ungefähr drei Jahren, da gab's hier jeden Tag Massenschlägereien zwischen Albanern, Russen und Türken. Aber bis jetzt war es ruhig. Einen Chef unter den Russen gibt es nicht. Hier im ganzen Knast gibt's vielleicht fünfzig - sechzig Russen, und bei mir hier fünfzehn. Gewalt gibt es hier natürlich schon, so drei, vier Schlägereien am Tag. Einer sagt zum Beispiel irgendetwas, irgendein Wort, das dem anderen nicht gefällt und dann wird gleich zugeschlagen. Das ist praktisch normal!

Schlägereien und so, das hat zunächst mal nichts mit Nationalitäten zu tun. Zum Beispiel ein Deutscher, der korrekt ist und sich vor allem nichts gefallen lässt, der kann hier überleben! Aber wenn es einer ist, ein Neuer zum Beispiel, zu dem die anderen etwa sagen: „Hey, stopf mal 'ne Zigarrette" und der macht das, dann kann er sich vergessen! Der wird dann als „Diener" abgestempelt! Der kann dann für die anderen die Zellen putzen oder muss für die arbeiten gehen und für die das Geld verdienen! Aber wenn er sagt: „mach's selber oder du kannst mich kreuzweise", dann wird er akzeptiert! Das passiert aber nicht nur den Deutschen, sondern das kommt auch in der eigenen Gruppe vor. Die Regel gilt für jeden! Obwohl, bei den Türken hab ich sowas bis jetzt noch nicht erlebt.

Wenn man im Knast einigermaßen über die Runden kommen will, dann muss man hart sein und alles muss einem egal sein, egal was kommt! Egal, ob eine Schlägerei kommt oder 'ne Messerstecherei, egal was. Man muss vor allem hart zu sich sein und sich nichts gefallen lassen! Das hat nichts mit Muskeln oder körperlicher Stärke zu tun. Es gibt zum Beispiel richtige Schränke hier, die sitzen in der Ecke und haben gar nichts zu sagen. Man sagt zu denen ein Wort und die sind ruhig und entschuldigen sich sogar noch.

Im Knast wird man nicht besser, aber auch nicht unbedingt schlechter. Ich bin jetzt zum dritten Mal im Knast, zweimal war es eher wegen kleineren Sachen, Diebstahl und so, aber jetzt halt wegen Heroin in nicht geringer Menge. Die Sachen werden schon größer. Immer wenn du wieder im Knast bist, hörst du halt, der macht das und der das und wie man's eben besser macht das nächste Mal. Der eine redet von einem Banküberfall, der andere von Zuhälterei oder halt Drogen. So richtig am Tiefpunkt war ich hier drinnen noch nie, aber das Schlimmste, was ich hier im Knast erlebt habe für mich war, als ein guter Kollege von mir eine Überdosis hatte und dann im Knast gestorben ist. Den hab ich auch schon von draußen gekannt. Das war halt ein sehr guter Stoff! Da kam wohl auch ein Bericht in der Zeitung darüber. Als dann der Leichenwagen in den Knast kam, das war schon ein schlimmes Erlebnis für mich.

Für mich selbst war mein Drogenentzug am Anfang meiner jetzigen Inhaftierung das Schlimmste! Ich hab fast eineinhalb Monate Entzug gehabt, das ist verdammt lang! Normalerweise hast du von Heroin drei, vier Tage Entzug, aber ich hab zum Schluß Crack genommen und auch Methadon gespritzt! Die Entzugstabletten, die ich hier bekommen habe, haben gar nichts genützt. Ich konnte höchstens zwei bis drei Stunden am Tag schlafen. Du hast Schmerzen, du schwitzt, du hast den ganzen Tag Durchfall, kannst nichts essen, wirst aggressiv, jedem gegenüber, egal wer kommt. Du hast auch keine Kräfte und musst die ganze Zeit an das Zeug denken. Besonders schlimm war das vom Crack, ich hab Tag und Nacht in dieser Zeit daran gedacht. Jetzt denk ich nicht so an Drogen, aber wenn ich rauskomme von hier, dann können einem schon wieder die Drogen in den Kopf kommen. Und wenn ich Drogen genommen habe, dann ist mir immer vieles eingefallen, was ich so tun kann.

In Russland habe ich noch keine Drogen genommen, erst hier in Deutschland, da war ich so ungefähr vierzehn Jahre alt und dann gleich mit harten Drogen, mit Heroin. Also ich habe vorher kurz Haschisch probiert, aber das hat mir nicht so gefallen und dann halt gleich Heroin. Ich habe durchs Fernsehen und so schon gewusst, dass davon auch Leute sterben. Zuerst habe ich auch gesagt, dass ich nie im Leben Heroin nehmen werde, aber dann habe ich's halt doch genommen. Und dann habe ich gesagt, dass ich das nie spritzen werde und dann habe ich doch angefangen zu spritzen. Das einzige, was dann noch geblieben ist, war zu sagen, dass ich nie Crack nehmen werde und dann habe ich später doch auch angefangen, Crack zu spritzen.

Drogen sind immer gut, wenn du genug davon da hast. Aber wenn du zuwenig Geld hast, zum Beispiel nur ein- oder zweitausend Mark in der Woche, dann ist das zuwenig zum Drogen kaufen, dann hat man Entzugserscheinungen, dann ist das nicht gut. Ich habe so ungefähr sechshundert bis siebenhundert Mark am Tag für Drogen gebraucht. Verdient habe ich mir das Geld durch Drogengeschäfte. Wenn es sehr gut lief, konnte man da schon mal fünfzigtausend Mark machen bei einem guten Geschäft in der Woche, wenn es wirklich sehr gut lief. Ich habe zum Beispiel 95 Gramm Heroin gekauft für zweitausend Mark und habe das dann für zehntausend wieder verkauft. Und so was kann man in einer halben Stunde machen! Achttausend Mark Gewinn! Ich glaube, andere müssten da ihren Beruf wechseln. Von den Leuten hier im Jugendknast haben sicher so siebzig Prozent draußen Drogen genommen. Mein Alltag hier im Knast sieht so aus, dass ich bis ungefähr elf Uhr schlafe, dann ist Mittagessen, dann liege ich wieder rum und höre Musik. Ich bin ja alleine in einer Zelle, dann um vier Uhr gehe ich in Hofgang bis fünf Uhr, dann kommt das Abendessen und dann gehe ich an mein Fenster und rede mit den anderen Leuten so bis zwei Uhr nachts, zum Beispiel wann bei den anderen ihre Endstrafe ist, über ihre Freundinnen, über Drogen, wer was erlebt hat, über Schlägereien und solche Sachen. So bekommt man schon alle wichtigen Nachrichten von hier drinnen mit.

Und so geht das jeden Tag! Malen, Briefe schreiben, das tu ich auch noch und an Mädchen denken und so. Ich habe keine Freizeit wie die anderen und auch keinen Fernseher, weil ich kein Geld habe und auch nicht arbeiten gehe.

Ich will nicht arbeiten hier und sehe das auch gar nicht ein. Die wollten, dass ich zwei Monate umsonst arbeite, weil ich noch irgendeine Rechnung von dem Knast, wo ich vorher war, bezahlen sollte für irgendeine alte Schadensmeldung. Ich habe denen dann gesagt, dass ich nicht umsonst arbeite. Dann haben die gemeint, dass sie mich dazu zwingen werden. Aber mich, mich kann niemand zwingen! Die sind dann jeden Morgen um sechs Uhr gekommen, wollten mich zur Arbeit wecken und zwingen und ich sollte auch die Rechnung unterschreiben, dass ich die bezahle. Dann habe ich einen Stuhl genommen und habe zu dem Beamten gesagt: wenn du noch einmal kommst, dann schlag ich dir den Stuhl auf den Kopf. Seitdem ist jetzt Ruhe, seitdem kommt niemand mehr rein.

Danach haben sie mir mit Verlegung in einen anderen Knast, in den Erwachsenenknast gedroht und ich habe gesagt, ja, da würde ich gerne hingehen. Als sie gemerkt haben, dass ich da hin will, haben sie mich als Gegenmaßnahme sozusagen hier gelassen. Dann kamen sie mit Einkaufssperre; auch das ist mir egal; dann Privatklamotten weg, die wollten mir gar nichts eigenes lassen und ich hab denen gesagt: das macht mir gar nichts aus! Und jetzt haben die gesagt, sie können mich doch nicht die ganze Zeit hier in der Zelle lassen, weil da mein Kopf langsam kaputt gehe und so. Aber die müssen's.

Wenn ich so den ganzen Tag in meiner Zelle bin, da habe ich das Zeitgefühl eigentlich schon verloren. Ich denke nicht daran an die Zeit. Ich kucke zum Beispiel mal auf die Uhr und denke, es ist höchstens halb zwei und dann ist es schon sechs Uhr abends. Das Zeitgefühl ist weg, ist weg bei mir, schon lange! Wo ich das erste Mal hier drin war, habe ich überhaupt nicht gemerkt, dass ich im Gefängnis bin. Ich bin rein und wieder raus und habe das gar nicht richtig gemerkt. Das zweite Mal war schon ein bisschen anders, da habe ich schon gespürt, dass ich jetzt drin bin. Ja und jetzt denkt man schon etwas mehr darüber nach. Wenn ich so nachdenke, was ich draußen machen könnte, keine Ahnung.... Therapie vielleicht, aber ich kenne so viele Leute, die Therapie gemacht haben und nur zwei haben's geschafft von, was weiß ich, dreihundert Leuten. Und wenn man dann in der Therapie fertig gemacht wird, das würde ich auch nicht aushalten. In einem Monat hätte ich vielleicht die Möglichkeit, auf Therapie zu kommen.

Aber irgendwie habe ich schon Schiss davor, so über Probleme dort zu reden und was einem so gefällt und was nicht und so im Kreis zu sitzen mit 20, 30 Leuten, die um dich herum hocken und dich fragen und löchern.

Ich weiß noch nicht, wie's weitergeht mit mir, mal sehen.........

„Zootour“

Beobachtungen eines 19-jährigen Häftlings

Ich laufe durch den Zoo.
Ich sehe schon von weitem viele Gehege.

Am ersten Gehege sehe ich einen kleinen Schimpansen,
der ziemlich traurig und eingeschüchtert aussieht.

Am zweiten Gehege sehe ich den Grund dafür:
es ist ein goßer Gorilla,
der ziemlich bedrohlich und kraftvoll aussieht.

Ich laufe einen Weg weiter und komme
zu einem größeren Gehege, in dem ich einen Wolf sehe;
er sitzt allein und wirkt nicht gefährlich.
Ich betrachte ihn eine Weile, als plötzlich weitere Wölfe auftauchen.
Der Wolf fängt im selben Moment an, seine Zähne zu fletschen
und kommt in bedrohlicher Haltung näher.

Ich laufe weiter, komme an ein Schlangengehege.
Eine Schlange hängt an einem Ast. Sie ist ganz friedlich,
aber ich weiß, dass sie mir, wenn sie könnte,
sofort in den Rücken fallen und mich fressen würde.

Nur leider war ich nicht im Zoo.
Ich bin im Knast während der Freizeit
von Zelle zu Zelle gelaufen:
Jetzt ist Fütterungszeit !

„Multi-Kulti im Jugendknast"

Bericht eines Einundzwanzigjährigen

Am Anfang waren hier noch alle Nationalitäten zusammengelegt, aber da gab's dann viel Kuddelmuddel und Rivalitäten. Dann haben die von der Anstaltsleitung das so gelegt, dass auf der einen Stockwerksseite Türken sind, auf der anderen Albaner und Jugoslawen, dann einmal Deutsche, Italiener und Polen und auf der anderen Seite lauter Russen, also Russlanddeutsche, vorwiegend. Die Zellen hier sind also so gut wie nicht gemischt belegt. Die Deutschen sind hier die wenigsten, die Minderheit; die meisten sind Türken und natürlich die Russen, die haben hier das Sagen.

Die Deutschen werden hier im Knast als „Kartoffeln" bezeichnet, vielleicht wegen dem Essen oder weil sie so weich sind. Sie gelten bei manchen auch als Schlappschwänze hier drinnen. Aber ich finde, das kommt immer darauf an, was man für ein Typ ist. Bei den anderen Nationalitäten merkt man, dass die einfach einen guten Zusammenhalt untereinander haben, einfach mehr Zusammenhalt; so was gibt's zum Beispiel bei den Deutschen nicht so. Das ist halt die Mentalität. Die Deutschen, die reden, was weiß ich, hinter deinem Rücken was über dich.

Die Russen, die sind ein wenig härter drauf und die tun ihre Angst nicht zeigen, die lassen keinen und nichts an sich ran, wie ein Felsblock. Die Türken, die sind schon lockerer drauf, obwohl, manches sehen die auch gleich ernster. Wenn du da irgendwas sagst auf deutsch und die verstehen das nicht und bekommen das in den falschen Hals, dann gehen die auch gleich hoch.

Die Albaner und Jugos, die sieht man kaum, die hocken auch in der Freizeit meistens in ihren Zellen drin. Bei den Russen zum Beispiel ist das auch so, dass einfach der Älteste der Chef ist und die anderen das einfach respektieren. Das gilt für alle bei denen, auch wenn der nur einen Tag älter ist; so was gibt's bei den Deutschen auch nicht.

Mich wollte zum Beispiel mal einer, der vielleicht sechszehn, siebzehn Jahre alt war, also mindestens drei Jahre jünger wie ich, der wollte mich mal runter machen, einfach halt keinen Respekt.

Einen ganz Verrückten hatten wir hier auch mal einige Zeit, einen jungen Serben, den haben sie hier alle „Riesenbaby" genannt und vor dem haben mich alle gewarnt: Nimm dich in Acht vor dem Riesenbaby ! Der hatte 'ne Statur wie Arnold Schwarzenegger und war erst siebzehn Jahre alt.

Der ist schon mit vierzehn Jahren hier rein gekommen und hat hier trainiert, also Krafttraining gemacht wie ein kaputter und der hat eben einen auf stark gemacht und immer welche ausgeteilt. Der konnte einfach nicht zwischen Spaß und Ernst unterscheiden. Der hat immer so Schläge auf die Oberschenkel verteilt, einfach so. Das hat weh getan! Und ich hab gedacht, Junge, irgendwann bist du auch mal dran. Ich habe mir dann mal so zwei Vorhängeschlösser hochkant in meine Hosentaschen rein getan und drauf gewartet. Zwei Tage später kam er, als ich geschlafen habe und haute mir volle Pulle drauf, also mit seiner Hand voll auf die Schlösser, mitten drauf! Gut, das hat mir auch ein bisschen weh getan, aber dem seiner Hand noch mehr. Darauf hin hat er zu mir gesagt: Du bist in Ordnung! Dannach war Ruhe zwischen uns. Später wurde der dann abgeschoben und als er noch warten musste, bis sie ihn zur Abschiebung abholten, hat er geheult.

Und mich hat er noch gerufen: Hey Ossi, komm mal her und dann hat er mich umarmt. Für den war das hier irgendwie wie seine Familie. Obwohl, Freundschaften zwischen Leuten unterschiedlicher Nationalitäten im Knast, ich glaube, das gibt's nicht. Freundschaften im Knast gibt's sowieso keine richtigen, das ist eher ein gegenseitiges Überleben. Ich versuche was von dem zu bekommen und der versucht was von mir zu bekommen. So richtig tief nah kommt man sich hier nicht.

„Über die Russen“

Bericht eines Achtzehnjährigen

Die Russen im Knast, die sind halt, ja wie soll ich das beschreiben, die halten sich halt an einen bestimmten Kodex und an bestimmte Regeln, die irgendwelche Leute mal aufgestellt haben. So darf man bei denen keine allgemeinen Toiletten putzen, die eigene in der Zelle schon, aber die allgemeinen, die für jeden, auf keinen Fall, das ist verpönt. Da weigern die sich, das müssen dann andere machen, keine Russen, sondern andere, die dann dafür eingespannt werden.

Die Russen, die sind halt konsequent; also wenn die was sagen, dann meinen die das auch wortwörtlich so. Und außerdem gibt es unter denen einen wahnsinnigen Gruppenzwang. Die meisten bei denen leiden auch unter diesem Gruppenzwang, dem man sich praktisch nicht entziehen kann. Wenn zum Beispiel ein Russe oder auch 3 – 4 halt so und so sind, dann tun die anderen Russen das genau so konsequent, weil die wissen, von den anderen haben sie dann nichts zu befürchten, die halten dann eisern zusammen.

Der Zusammenhalt ist dann größer und die Brutalität natürlich auch, weil jeder sich an die Regeln hält oder halten muss, obwohl der eine oder andere sicher auch mal gerne ein Stückchen weit von einer dieser Verhaltensregeln abgewichen wäre. Aber das geht auf keinen Fall.

Zumeist ist der Ältere oder der Älteste in so einer Gruppe der Chef und halt der, der zum Beispiel niemand verraten hat und auch von Russland was mitgebracht hat. Die Älteren haben einfach das Sagen über die Jüngeren und auch über all das andere, was so im Knast geschieht und was nicht. Man kann das schon als eine Art Russenmafia im Gefängnis bezeichnen. Wenn ich zum Beispiel in einem Knast irgendwas machen, was anstellen würde, etwa jemanden verraten oder so, da bin ich ganz sicher, dass die das spätestens in der nächsten Woche wüssten und dann hast du zu leiden! Das funktioniert richtig auftragsmäßig!

Die haben halt einen bestimmten Trick, die geben untereinander so kleine Zettelchen mit, auf denen sie aufschreiben, wer geschlagen werden muss oder was derjenige getan hat. Da werden dann halt so von Knast zu Knast, über Transport oder Verlegungen, Zettelchen verschickt, im Mund transportiert oder irgendwo im Hemd. Die Beamten bekommen das nicht mit, das kannst du praktisch nicht kontrollieren.

Die Russen, die sind halt wie eine große Familie im Unterschied zu den anderen Nationalitäten. Wenn du zu denen gehörst, dann hast du im Gefängnis absolut nichts zu befürchten. Du lebst wie ein König, du hast immer Tabak, du hast immer was zu essen, jeden Abend wird gekocht, die halten zusammen wie

Pech und Schwefel! Untereinander in so einer Gruppe wird hauptsächlich nicht unterdrückt, weil jeder sich dort dem anderen gegenüber halt korrekt verhält oder verhalten muss. Aber wenn einer was anstellt oder einen Fehler macht, dann wird er zurecht gewiesen und wenn das öfters vorkommt, wird er auch mal hergepatscht von den Älteren. Also, die Russen haben schon eine bestimmte Struktur in der Gruppe, nach der sich alle richten müssen und jeder muss die Regeln einhalten!

Solange die Regeln eingehalten werden, passiert auch untereinander nichts. Normalerweise sind die Russen hauptsächlich unter sich, aber es gibt auch ein paar Ausnahmen. Wenn ein Deutscher zum Beispiel auch draußen mit den Russen abgehängt ist und der die ganzen Ausdrücke und Wörter von denen kennt, der kann dann auch im Knast weiter mit denen abhängen, der wird dann auch so akzeptiert.

Also hauptsächlich die Russen und die Türken, das sind die zwei Mächte, die im Knast leben und auch alles regieren. Den anderen werden gleich am ersten Tag Ketten, Schmuck und das ganze Hab und Gut abgenommen, die werden geschlagen, die müssen die Zellen putzen und lauter so Sachen.

Zu den Beamten im Knast ist die Einstellung der Russen grundsätzlich so, dass die alle Arschlöcher sind und mit denen möchte man so wenig wie möglich zu tun haben. Wenn man von denen was braucht, kriecht man denen kurz in den Arsch und wenn man es dann hat, sind es eben immer noch die gleichen Arschlöcher wie vorher.

Und zu den Sozialarbeitern ist das so, dass sich der eine oder andere von den Russen zu denen ein Verhältnis im geheimen aufbaut, die anderen haben da natürlich was dagegen, aber hinterm Rücken wird von den Sozialarbeitern und Beamten immer das gleiche gesprochen: Das sind alles Arschlöcher! Die jungen Russen, das sind zwar meist keine Profigangster, aber die haben schon das gewisse etwas von einer Mafia, denn die halten in jedem Knast eisern zusammen. Ich würde mich nicht gern richtig mit denen anlegen.

Also wenn du mal einen kleinen Fehler machst, ist das noch okay, aber wenn ich – mal angenommen – jemanden verraten müsste, damit ich raus komme oder weniger Strafe bekomme, damit würde ich mich auf gar keinen Fall mit denen anlegen, weil ich weiß ganz genau, die finden mich in jedem Knast und dann kriegst du ordentlich auf die Fresse.

Deshalb würde ich mich mit den Russen auf keinen Fall anlegen. Ich weiß zum Beispiel von einem Jungen, dem haben sie die Rippen und die Nase gebrochen, nur weil der angeblich jemanden verraten hätte. Und das stimmte noch nicht einmal, da wurde was falsches weitergegeben!

Ich glaube, dass die ganzen Regeln, die Härte und der Druck unter den Russen eher von den älteren Russen, die zum Teil schon in Russland im Knast waren, hierher gebracht worden sind. Neben den Regeln des Zusammenhaltes und dass halt die Älteren das Sagen haben und die Kanäle sehr weit reichen, gibt's auch noch die russischen Einkaufsregeln im Knast. Wenn einer Einkauf hat, dann werden von allen anderen Zettel eingesammelt und das Geld zusammengerechnet und alles auf die Gruppe umgelegt. Die ganze Etage kommt da zusammen, ob einer nun Einkauf hat oder nicht. Da wird dann zum Beispiel geschrieben: 20 Dosen Tabak, 30 Milch und das Ganze wird dann in einem Gruppenraum unter den Russen verteilt. Einer steht am Tisch, fast so wie ein Beamter, der verteilt dann alles und jeder kommt und holt sich seinen Teil ab. Jeder kriegt gleich viel, ob er jetzt Einkauf hatte oder auch nicht. An sich ist das gut.

Foto: argus

Durch diesen Gruppenzwang, da bauen die sich schon zu einer Macht auf, da fühlst du dich doppelt so stark als wenn du alleine wärst. Das baut sich Stück für Stück auf. Mit den Drogen ist das genau so. Da wirst du gleich abgecheckt: Mit wem hingst du ab, bist du drogensüchtig, warst du ein Junkee, was für Eltern hast du, läuft über die was, welche Verbindungen hast du? Da kommt immer was regelmäßig rein. Ein Typ, der es zum Beispiel bei den Russen verschissen hatte, der musste, um im Knast ein freies Leben zu haben und damit sie den nicht anfassten, regelmäßig Heroin reinschmuggeln. Der konnte sich auch nicht frei entscheiden, wenn er ein gesundes Leben im Knast führen wollte.

Mit vielen Sachen, mit manchen von ihren Einstellungen, bin ich nicht einverstanden, vieles geht manchmal auch zu weit. Wenn ich zum Beispiel denke, hey ich will jetzt keinen Streit mit dem Beamten haben und fege jetzt diesen Hofgang, da bekommst du dann aufgrund der Gesetze der Russen Ärger, wenn du dich dann nicht absondern kannst. Meine Einstellung wäre aber manchmal, okay, ich putze das jetzt, hab dann keinen Stress mit den Beamten und habe dann meine Freizeit.

Aber so was ist einfach nicht möglich, denn dann kriege ich ja Ärger mit denen; Du hast da keine freie individuelle Entscheidung, da ist der Gruppenzwang und diesen Gruppenzwang, den hasse ich manchmal über alles. Ich möchte ja auch manchmal meine freie Entscheidung treffen, aber das geht hier drinnen im Knast unter den Russen einfach nicht! Das Schlimmste ist, dass die meisten Russen auch noch rassistisch sind, gegen die Schwarzen oder die andern, die wollen sich halt absondern, die wollen halt unter sich bleiben.

Foto: Marion Reuter

Gedichte eines neunzehnjährigen Gefangenen

„Es gibt 'nen Ort, an dem die Sonne niemals scheint,
an dem auch ein Mann wie ein Mädchen weint;
da wird man nie geliebt, nur gehasst,
das ist die Hölle, das ist der Knast..."

„Die Sehnsucht nach Freiheit ist das,
wonach mein Herz ständig schreit !
Ich schau Tag für Tag aus den kalten Stangen,
bin hier in diesem Loch gefangen.
Das Schlimmste daran ist,
ich bin nur umgeben von Schlangen!
Wie kann ich hier nur raus gelangen?"

„Als Rechter hinter Gittern“

Bericht eines Achtzehnjährigen

In den meisten JVA’s sind rechtsorientierte Deutsche eher die Minderheit. Wenn man einen „Rechten“ im Knast sieht, dann meistens nur beim Essenholen oder beim Duschen. Selten kommt ein „Rechter“ zum Hofgang aus der Zelle.

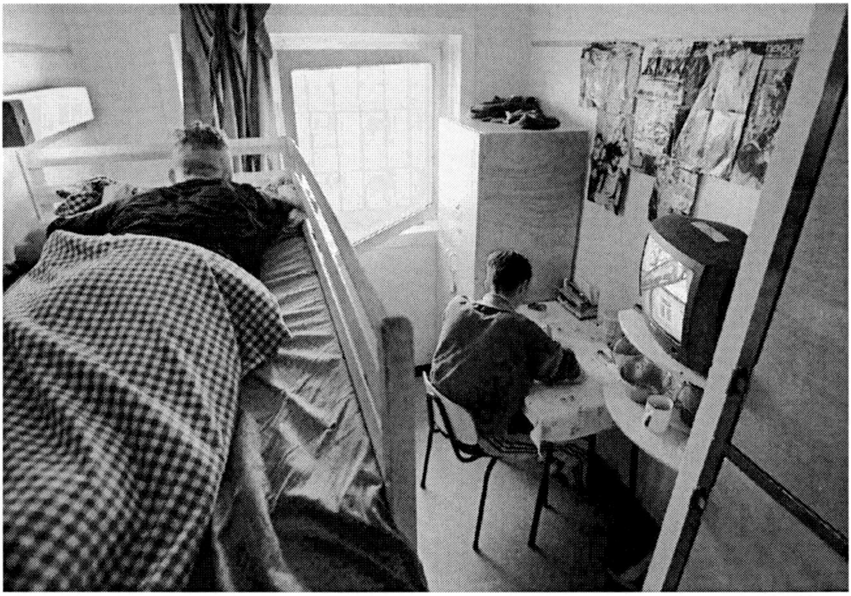

Foto: factum Weise

Warum? Ein Streit oder zumindest der Weg dahin ist fast immer vorprogrammiert. Im Hof sind meist 80 – 90 % Ausländer und das meist in Gruppen. Es ist klar, dass sich viele dieser „Ausländer“ von den „Glatzen“ provoziert fühlen. Durch diese „Provokation“ ist eine Reaktion zu erwarten. Die Reaktion ist meist zuerst ein Spruch wie: „Du schein Nazi“. Die „Nazis“, die den Mut haben, auf den Hof zu kommen, lassen sich sowas natürlich nicht gefallen und kontern mit ’nem Spruch wie z. B. „halt’s Maul, Kanake und geh dahin, wo du herkommst!“

Die Schlägerei folgt hundertprozentig in kurzer Zeit bei der nächstbesten Gelegenheit. Um solchen Situationen zu entgehen, bleiben die meisten „Rechten“ gleich in ihrer Zelle und isolieren sich selbst. Durch die selbstgewollte Isolation verstärken sich die Ansichten dieser „Rechten“ in den meisten Fällen.

Ich glaube, dass die Verstärkung dadurch entsteht, dass sie so gar nicht mitbekommen können, dass es überall „gute“ und „schlechte“ gibt. Wenn sie nach Tagen und Wochen aus der Isolation raus kommen und einen Ausländer sehen, bekommen sie auf alle Fälle einen Spruch rein gedrückt, weil es hier heißt: Wer sich selbst isoliert, ist entweder ein Kinderschänder, ein Verräter (§ 31-er) oder ein extremer Rechter.

Diesen Ruf bekommt man nicht mehr los in dieser Anstalt. Beste Möglichkeit: Knast wechseln, Haare wachsen lassen und hoffen, dass einem dort niemand kennt! Noch besser: Gar nicht rechts sein! Und falls man unbedingt die rechte Einstellung haben muss, sollte man die für sich behalten. Ich bin selbst leicht rechts orientiert, hatte deshalb aber noch keine Probleme, weil ich sie für mich behalte.

„Als Mädchen im Gefängnis“

Bericht einer Achtzehnjährigen

Ich bin jetzt seit etwa sechs Wochen im Gefängnis, das erste Mal. Früher war ich schon mal für vier Jahre in einem Heim. Warum ich ins Gefängnis gekommen bin?

Ja, wir sind nachts durch die Stadt gelaufen, ziemlich betrunken, die Polizei hat uns vorher schon auf dem Marktplatz Aufenthaltsverbot gegeben, später haben sie uns dann festgenommen, da hab ich mich gewehrt gegen die und sie auch beleidigt.

Wenn ich Alkohol getrunken habe, kann ich ganz schön aggressiv werden und dann haben sie uns in den Bunker gesteckt bis zum nächsten Tag. Morgens hab ich gedacht, jetzt dürfen wir wieder gehen; das war ja schon öfters so bei uns oder bei mir. Die haben mich aber nicht rausgelassen, sondern der Richterin vorgeführt und die hat mich ins Gefängnis gesteckt, weil ich keinen festen Wohnsitz hatte und auch früher schon ein paar Kleinigkeiten gemacht hatte.

Und jetzt bin ich drin! Zuerst kommst du in die Effekte, so heißt das, da musst du dich ganz ausziehen, dann kucken sie dich an, zu dritt und durchsuchen dich. Dann bekommst du Klamotten und dann tun sie dich auf die Zelle. Jetzt bin ich hier auf einer Sechser-Zelle, sechs Frauen. Ich wurde von denen sogar recht freundlich begrüßt, kein Stress oder sowas. Von Bekannten hatte ich gehört, dass es im Männerknast oft brutal zugeht, aber hier eigentlich überhaupt nicht.

Die Frauen, die quatschen halt recht viel, erzählen sich die ganze Zeit was über Männer, wann sie zum ersten Mal mit jemanden geschlafen haben oder was weiß ich, über Mode, über Nagellack, obwohl ich gar nicht verstehe, wozu die hier drinnen so was brauchen. Meistens gibt’s hier drinnen ja Beamtinnen, aber manchmal auch Männer, also Beamte, die abends die Zellen abschließen. Dann stehen die ganzen Mädchen an der Türe und rufen: oh, ein Mann kommt!

Das wichtigste ist den Frauen hier drinnen die Waage. Die rennen den ganzen Tag zur Waage. Die Waage ist eigentlich dauerbesetzt. Und abends fluchen sie rum: Huch jetzt wieg’ ich zwei Kilo mehr! Ist doch klar, dass sie mehr wiegen, wenn sie den ganzen Tag nur gefuttert haben. Die Eine hat sogar 18,9 Kilo zugenommen. Die haben alle zugenommen, das haben sie mir erzählt. Ich bin froh, ich hab sogar abgenommen hier, aber ich wieg’ mich eh nicht vor denen; ich nehm’ die Waage mit aufs Klo. Von den Frauen hier drinnen oder in meiner Zelle sind wenige Deutsche, viele Ausländerinnen und aus Russland. Die meisten sind wegen BTM, also Drogensachen hier oder wegen Klauen und Betrug und so Zeug. Lesbisch sind auch viele hier und an Hepathitis erkrankt; aber

Übergriffe oder dass die einen hier nicht in Ruhe lassen, das habe ich noch nicht erlebt.

Meine wichtigsten Gedanken an draußen sind die an meinen Freund und an meine Hunde. Wenn ich wieder raus komme von hier, hab ich mir vorgenommen, dass wenn ich Polizei sehe, egal was dann ist, dann laufe ich weiter und lege mich nicht mehr mit denen an. Mit denen will ich nie wieder was zu tun haben. Und ich höre auf zu Trinken!

Ich muss auch irgendwie eine Therapie machen wegen dem Alkohol, wenn ich wieder draußen bin; ich hab oft den ganzen Tag getrunken und ohne Alkohol konnte ich gar nicht einschlafen. Am Anfang hatte ich im Gefängnis auch Entzugserscheinungen, da hab ich Medikamente bekommen, die nehme ich auch jetzt noch ein, aber jetzt geht's mir schon echt besser. Die anderen Frauen, die sehen das alles, also ihr Leben und so recht locker; ich verstehe das gar nicht, wie die das so locker nehmen können. Manche von denen haben auch schon kleine Kinder draußen, aber das ist denen irgendwie egal.

Die fühlen sich hier wohl, die haben sich hier in der Zelle schön eingerichtet mit Bildern und Postern und so. Und viele von denen, die fangen jetzt an, Sonntags in die Kirche zu gehen; die gehen jeden Sonntag in die Kirche und nehmen sich von dort dann so Postkarten mit und tapezieren dann mit Jesus und so 'nem Zeug ihr Zimmer. Draußen sind die nie in die Kirche gegangen und hier fangen sie jetzt damit an. Das ist auch irgendwie dumm.

Also irgendwie hab ich mir den Knast ganz anders vorgestellt, Ich hab gedacht, ich komm' hierher und ich bekomm' gleich mal aufs Maul von den Weibern. Ich hab Angst gehabt, wo ich hier her gekommen bin, aber Gott sei Dank war das dann ja gar nicht so schlimm. Und wenn du draußen gar nichts hast, keine Freunde, keine Hunde, kein Dach überm Kopf, nichts, dann würde ich hier schon für immer bleiben, da hast du Essen, eine Bleibe und so.

Am Anfang vergisst man manchmal noch, dass man ja eingesperrt ist. Ich habe da zu einer von meiner Zelle gesagt, hey, geh doch mal Wasser holen und erst dann hab ich geschnallt, dass die Zelle ja abgeschlossen ist und man nicht so einfach raus kann wie man will. Aber die Beamten, die könnten einem schon mehr Aufmerksamkeit schenken, also zumindest manche, die könnten mehr mit einem reden oder die Psychologin hier auch, die ist so kurz gebunden, sagt nur: dich seh' ich ja eh wieder in einem Jahr oder so...

Ich glaube schon, dass es unter Frauen vielleicht friedlicher zugeht. Da gibt's zwar auch viele Dumme darunter, aber mit denen redet man dann gar nicht. Manche von denen, die hören dann gar nicht mehr auf zu reden und ich kann meine Gosche eh nicht halten und dann würde es bestimmt Ärger geben, also besser, dass man mit solchen erst gar nicht anfängt zu reden. So mit der Zeit gewöhnt man sich hier schon ein, man wird schon ruhiger mit der Zeit. Aber am Anfang ist's hart. Wir haben jetzt eine Neue bekommen, die hat ununterbrochen geheult, nur geheult, mindestens zwei Tage lang, die ganze Zeit! Und geredet hat sie nicht. Ich am Anfang auch nicht, mit niemanden, ich wollte nicht, ich hab gedacht, nee, mit den Weibern red ich nichts. Und offen reden kannst du eh nicht, du weißt nie, was dann passiert.

Vor kurzem zum Beispiel da hatten einige von den Frauen Alkohol gebrannt und eine, wo ich nie gedacht hätte, dass die zu den Beamten geht und was sagt, die ist als erste hingerannt. Also es gibt hier einfach ganz verschiedene Typen von Frauen. Eine, die ist glaube ich schon bald zehn Jahre hier drin, die ist mit den Beamtinnen per du und trinkt immer Kaffee mit denen, die gehört schon richtig hier dazu. Aber es gibt auch komische Weiber. Neulich, da saß ich vor dem Arztzimmer und da wartete auch irgend so eine Ausländerin, 'ne ältere, vielleicht Zigeunerin oder so was, die fragte mich total unfreundlich: Was Nationalität du ? Mit der wollte ich nicht unbedingt alleine sein hier.

Aber sonst geht es mit den meisten hier ganz gut. So schlimm finde ich es für mich hier im Gefängnis eigentlich gar nicht. Bloß meinen Freund und meine Hunde, die vermisse ich total!

„Ruhe“

Ruhe zieht durch den Raum
wie süßer Weihrauch.
Eine angenehme Stille umgibt mich;
meine Gedanken sammeln
und ordnen sich
nach einem hektischen Tag.

Der richtige Ort,
der richtige Zeitpunkt,
die richtige Atmosphäre,
um über mein Leben, meine Fehler,
über mich selbst
nachzudenken.

Meine Seele
baumeln lassen,
weit weg
von Grenzen,
von Zeit und Raum,
nur für mich da sein.

Gefangener, 21 Jahre,
5 Jahre Jugendstrafe,
2002

„Auf Transport“

Bericht eines Zwanzigjährigen

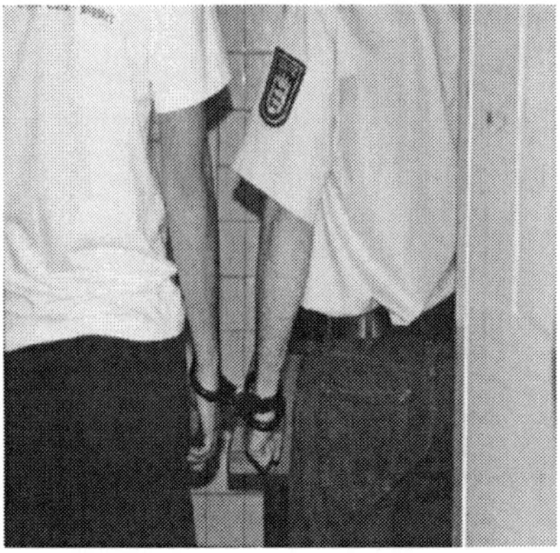

Foto: David Weipert

Transport hat zweierlei Seiten, also wie soll ich sagen: man fühlt sich schon depressiv auf Transport, aber andererseits auch wohl. Man fährt zum Beispiel über die Dörfer, durch die Gegend und sieht wieder Dinge, die man schon lange nicht mehr gesehen hat. Der Geschmack von dem, was man nach langer Zeit mal wieder zu sehen bekommt, der kommt einen plötzlich ganz seltsam vor.

Dann kommt man irgendwohin, wo man sich eventuell gar nicht so schnell dran gewöhnen kann, in irgendwelche anderen Justizvollzugsanstalten... Also, Transporttage sind immer ......tags. Meine Reise zu der jetzigen Gerichtsverhandlung am Donnerstag ging am Dienstag morgen los, am Spätnachmittag war ich dann hier. Zuerst sind wir die JVA in ... angefahren, im dortigen Knast war Mittagspause für die Beamten und dann ging's nach hierher weiter.

In so 'nem Transportbus hocken bis zu zwanzig Leute drin. Es gibt Ein-Mann-, Zwei-Mann- und Vier-Mann-Zellen da drin. Die Größe dürfte so einen Meter auf einen Meter sein, schätze ich, das ist relativ. Nun man kann sich da drin vielleicht nicht so bewegen wie auf einem Sofa, aber es geht so. Also, für Leute, die Platzangst haben, wäre das nichts, aber für mich ging's. Man konzentriert sich halt nicht mehr auf das, wo man drin sitzt, auf die Zelle, sondern man schaut aus dem Zellenfenster, um mal wieder was anderes zu sehen, was man schon verdammt lange nicht mehr gesehen hat. Handschellen hat man während des Transportes nicht dran, die Transportzelle ist abgeschlossen und es fahren halt drei Beamte mit; einer fährt, einer hockt neben dran und einer noch extra. Ich selbst bin ja noch jung und die 3 Beamten sind so um die 30 Jahre alt vielleicht; wenn die dann mit mir laufen und der eine hat mich da an den Handschellen und der andere irgendwo an der Schulter, das ist schon etwas übertrieben, denke ich. Ich bin ja kein Monster, ich bin auch kein Wehrwolf, ich bin ein ganz normaler Mensch. Gut das ist die Arbeit von denen, aber seine Arbeit kann man auch etwas übertreiben oder nicht?

Auf Transport kommt man sich eben vor wie in einem Gefängnis auf vier Rädern. Wenn man dann angekommen ist, geht man durch die Knastkammer, bekommt dort seine Anstaltswäsche; das heißt, ich und die anderen Transportleute bekommen keine, weil wir ja nicht länger dort bleiben; wir sind ja nur „Untersteller", das heißt, wir bleiben dort bis zur Verhandlung und dann geht's wieder dorthin zurück, wo man auch eingewiesen wurde.

Der Hausbeamte entscheidet dann beim Zugang, in welche Zelle man dann hier kommt. Ich wurde in eine Vier-Mann-Zelle hier gesteckt mit genau den vier Personen, mit denen ich auch auf Transport war. Einer war 29 Jahre, einer 24 und der andere 23 Jahre alt. Jeder hat halt hier seine Gerichtsverhandlung. Der eine von denen hatte jetzt schon seine Verhandlung und hat drei Jahre Knast bekommen.

Während der Zeit hier bist du 24 Stunden auf der Zelle mit denen, eine Stunde ist Hofgang von 8 bis 9 Uhr. Dann ist wieder Einschluß, 23 Stunden lang! Kein Fernsehen, kein Radio, kein gar Nichts! Man unterhält sich miteinander. Fakt ist, man ist da und ich bin es jetzt schon gewohnt. Ein Mensch gewöhnt sich an alles, ja, das ist normal. Gut, der Ort ist dann schon wieder neu und man muss sich erst an die neue Situation wieder gewöhnen, das ist ein neuer Anfang. Man spricht schon miteinander, über alles Mögliche, über die Verhandlung, die ja jeder hat, über die Sachen, die man vielleicht bereut hat und dass das vielleicht ein Fehler war und sowas.

Man bereitet sich schon ein bisschen vor auf die Verhandlung und man gibt sich untereinander Beispiele und Tipps dafür. Das mit dem Schlafen in der Zelle und vor der Verhandlung, das ist was persönliches. Also ich zum Beispiel, ich kann im Gefängnis nicht so gut schlafen wie zuhause, ganz klarer Fall, aber es bleibt einem ja gar nichts anderes übrig. In einer halben Stunde habe ich jetzt meine Gerichtsverhandlung, ich bin schon ein bisschen aufgeregt, weil ich eben nicht weiß, was auf mich zukommt nach nunmehr über fünf Monaten Knast. Na ja, aber was sein muss, muss sein.

Warten wir's ab!

„Abschiedsschläge“

Bericht eines Achtzehnjähigen

Abschiedsschläge, das wird vor allem in der JVA ... praktiziert, im gelockerten Bau. Da muss sich die Person, die entlassen wird, hinstellen und alle Insassen, die sozusagen verfügbar sind, also zum Beispiel zwischen fünfundzwanzig und dreißig Personen, die geben einem auf die linke oder rechte Schulter mit voller Wucht eine mit der Faust drauf. Das ist so spaßmäßig!

Aber für die Person, die die Schläge bekommt, ist das wirklich schmerzhaft. Vor allem ich, ich bin eine eher schmächtige Person und ich hab an den Armen nicht so viel Fett und das geht voll auf die Knochen und das tut brutal weh. Der Arm ist dann innerhalb von ein bis zwei Stunden richtig blau von oben bis unten! Mir selbst ist das zum Glück nicht passiert bei meiner letzten Entlassung, ich konnte mich sozusagen abseilen und ließ mich vorher verlegen.

Also normalerweise kommt da keiner richtig drumherum, außer dass sich einer als Feigling abseilt; das denken dann zumindest die anderen. Also ich hab das ja gemacht, aber ich fühl mich nicht als Feigling, sondern möchte mit sauberen Armen rauskommen.

Ein richtiges Zusammenschlagen ist das aber nicht, eher ein heftiges freundschaftliches Ding, aber manche, die heulen dann schon. Man bekommt ja ohnehin zwischendurch aus Spaß, wenn man so im Knast rumläuft, öfters mal eine gelangt. Aber das ist nur Spaß und nicht bei jedem, nur ab und zu! Da hab ich auch schon mal geheult, also das tat wirklich brutal weh! Da gibt's ja Leute hier drin, die jeden Tag trainieren und die haben wirklich Muskeln. Wenn die dann einmal zuschlagen, wenn da keine Knochen brechen...

Notizen eines Neunzehnjährigen

„Irgendwo tief in mir bin ich ein Kind geblieben,
folgt die Frage: Was hab ich nur getrieben ?
Der Körper schon ein Mann,
trotzdem die Frage:
War das alles, was ich kann ?
Antwort: Es ist nie zu spät
und das ist es, worum es sich dreht !“

„Entlassung“

Bericht eines Zwanzigjährigen

Ich war jetzt fünf Monate im Knast, die haben mich direkt nach meiner Rückkehr von der Türkei auf dem Flughafen verhaftet. Bei meiner Verhandlung habe ich zunächst das Urteil, ein Jahr und acht Monate Jugendstrafe, gar nicht recht verstanden, ob ich jetzt raus komme oder den Rest noch absitzen muss.

Eingestellt habe ich mich darauf, dass ich noch drei Monate absitzen muss und dann erst zur Bewährung raus komme. Aber jetzt ist es doch anders gekommen, Gott sei Dank! Der Herr Richter, der hat es zum Schluß des Urteils so zu Wort gebracht, dass der Haftbefehl aufgehoben wird und da hab ich’s kapiert!

Mein erstes Gefühl war dann, dass ich mich gefreut habe für mich und meine Familie; ich bin dann raus und habe meine Familie umarmt, die haben sich total gefreut. Irgendwie war ich selber depressiv, aber auch glücklich.

Und jetzt muss ich halt von neuem anfangen, es muss klappen. Wenn man dann aus dem Gericht rauskommt, dann ist man irgendwie wieder in der Gesellschaft, muss sich wieder an alles gewöhnen. Man hatte ja schon monatelang nichts mehr mit der Gesellschaft zu tun gehabt, beispielsweise mit Frauen oder mit Einkaufen gehen, mit Freunden oder in die Wirtschaft gehen.

Das ist schon alles irgendwie ein bisschen kompliziert, aber man kann sich schon wieder da reinfinden, aber das kommt nicht von jetzt auf nachher, sondern halt mit der Zeit. Nach dem Gericht bin ich erst mal mit meinem Bruder durch die Stadt gelaufen und habe mir Zigaretten und was zu Trinken gekauft. Danach sind wir zu meinem Onkel gefahren, da war die ganze Verwandtschaft da. Da wurde ich begrüßt, wir haben Tee zusammen getrunken und gegessen.

Am nächsten Tag bin ich in die Vollzugsanstalt gefahren, wo ich gesessen bin und habe meine ganzen Sachen von dort geholt und meine Lohnabrechnung. In der ersten Nacht nach meiner Entlassung, da konnte ich nicht so gut schlafen, man ist halt noch aufgeregt und es ist einfach was ganz anderes, nach einem halben Jahr Knast wieder zuhause zu schlafen, in seinem eigenen Bett.

Man denkt da viel nach, man ist zwar müde, gähnt, aber man kann nicht recht schlafen. Man sucht einfach den Faden, wo man wieder anfangen soll, von Null wieder anfangen. Das Ungewohnte am Anfang ist zum Beispiel, wieder mit Geld umzugehen, mit den Menschen umzugehen und sich in der Gesellschaft anzupassen. Bei meiner eigenen Familie gab es dann für mich ein Festessen. Die haben gesagt, ja unser Sohn, unser Enkel ist wieder draußen, die haben sich alle gefreut. Die ganze Verwandschaft ist gekommen. Mein Vater hat ein Schaf für mich geschlachtet, wie man es halt an einem Fest bei uns so macht und er hat gebetet, dass es nicht mehr vorkommen soll, das mit mir.

Ja, der hat eh jeden Tag für mich gebetet, dass ich rauskommen soll. Und dann hat er eben das Schaf für mich geschlachtet nach meiner Entlassung. Also meine Eltern haben mich eigentlich gar nichts über den Knast gefragt, nur bei ihren Besuchen dort haben sie wissen wollen, ob das Essen auch gut ist. Ich habe ihnen dann natürlich immer gesagt, es ist alles ok und dass sie sich keine Gedanken zu machen brauchen und dass das Essen gut ist und ich gesund bin.

Ich glaube nicht, dass es für meine Familie eine Schande war oder ist, dass ich mal im Gefängnis war. Bei uns gibt es ein Sprichwort, das ist eigentlich ein deutsches: Ein Mann ohne Knast ist wie ein Baum ohne Ast. Auf türkisch gibt es auch einen Spruch: Ein junger Mensch, ein junger Kerl, der macht viele Fehler, der säuft, der fährt Auto, der macht viele Sachen und Knast, ja, das ist eine Mannes-Sache. Wenn ein Mann ins Gefängnis geht, dann ist das nicht lächerlich!

Ein Mann, der wo ins Gefängnis oder zur Bundeswehr muss, ja, das kann einem Mann passieren! Das ist nicht lächerlich! Aber dass ein Mann – mir fällt jetzt kein rechtes Beispiel ein – dass ein Mann etwa Frauen verkauft oder so was, das ist ein Zuhälter auf gut Deutsch, das ist nichts für Männer, das macht man einfach nicht, das gehört sich nicht zum Titel der Männerbranche, nein, das gehört nicht dazu!

Nach ein paar Tagen, wenn du draußen bist, denkt man schon noch viel an den Knast, vor allem an die Freunde drinnen, mit denen man das Essen, das Brot, die Zigaretten, alles, geteilt hat. Die sind drinnen und du bist draußen und du weißt genau, wie es da drinnen ist und wie die sich fühlen und was sie durchmachen müssen und du bist draußen.

Ich war auch traurig, wo ich mich von denen verabschieden habe müssen. Am liebsten hätte ich mir gewünscht, die wären auch mit draußen und die würden draußen lernen, dass sie so was nicht mehr machen. Aber es ist leichter gesagt als getan! Auch wenn du entlassen bist, musst du an die Freunde von drinnen denken, mit denen du zusammen gelebt hast. Ich schreibe denen viele Briefe, nicht weil ich es muss, sondern weil ich es will. Ich weiß genau, was die da drinnen durchmachen.

Und wenn dich da drinnen keiner von draußen aufbaut, kommst du dir sehr verlassen vor. Briefe zu bekommen, das baut total auf: Hey, da ist jemand, der denkt an mich, der hat mich nicht vergessen, obwohl man am Arsch der Welt ist, der hat mich nicht vergessen! Und deshalb werde ich denen auch immer schreiben! Ich würde natürlich keine Karte vom Urlaub schreiben, wo ich denen über die schönen Weiber dort, die pralle Sonne und das Super-Leben erzählen würde. So was würde ich bestimmt nicht reinschreiben, aber halt, dass es mir gut geht und ich hoffe, denen auch und dass sie aus ihren Fehlern lernen sollen!

Am meisten Angst jetzt in der Freiheit habe ich davor, dass ich keine Ausbildung, keine Arbeit bekomme. Mit falschen Freunden und so, da ist bei mir alles tiptop, ich hab das erkannt. In den letzten fünf Monaten habe ich fleißig und gut nachgedacht und es ist mir viel bewußt geworden, was richtig und was falsch ist.

Mir hat's gelangt, ich weiß, was Sache ist. Egal, wo ich bin, ob alleine oder ob jemand dabei ist – wenn falsche Freunde zu mir kommen, dann vielleicht halli-hallo, aber das war's dann, mehr gibt's mit denen dann nicht mehr zu reden. Ich habe eine Familie, die hinter mit steht und ich habe irgendwie noch einen Stolz und eine Ehre und ich denke, wenn das andere Leute packen, dann schaff' ich das zwei Mal. Wenn man will, geht das auch alles!

Der Knast, das war schon 'ne Art Gehirnwäsche für mich, um das mal so krass auszudrücken, nicht im positiven Bereich, sondern im negativen. Man denkt schon über alles nach. Was hättest du alles aus deinem Leben machen können? Hat sich dein Leben, durch das, was du gemacht hast, verbessert oder verschlechtert? Wenn man sich diese Frage stellt, dann kommt man, glaube ich, schon auf den grünen Zweig und sollte wissen, was Sache ist.

Ich bin jetzt schon froh, dass ich draußen bin. Drinnen habe ich nichts verpasst, eher draußen, die Freiheit, die kann man verpassen, aber innen, die geschlossenen Türen, da verpasst man wirklich nichts.

„Sehnsucht nach Freiheit“

Tag für Tag sitze ich hier,
ich komme mir vor
wie ein eingesperrtes Tier.
Keiner kann mir helfen,
bin doch nur ein Kind.

Ich kann es nicht begreifen,
seitdem ich war geboren,
mein Leben lief so wunderschön;
alles ist kaputt,
ich hab das Spiel verloren.

Von wo kommt dieser grauenvolle Schmerz ?
Es sehnt sich nach Freiheit,
es ist mein leidendes Herz.
Helft mir doch! Seht es doch !
Die Zeit hinter Gittern,
wie lange dauert sie noch ?

Die Ungewissheit bringt mich um.
Was geschieht ?
Keiner kann mir sagen, warum ?
Doch eins gibt mir wieder Kraft,
es ist die Freude auf die Freiheit,
denn sie hat sehr viel Spaß gemacht !

Gefangener, 21 Jahre,
5 Jahre Jugendstrafe,
2002

„Wieder zurück im Knast“

Bericht eines Neunzehnjährigen

Acht Wochen nach meiner letzten Haftentlassung bin ich schon wieder eingefahren in den Knast.

Meine erneute Verhaftung habe ich eigentlich gar nicht so richtig realisiert. Erst als ich unten im Bunker war und die Zeit wieder für mich hatte, da habe ich mich fett gekniffen, um zu merken, ob ich nicht schlafe oder träume. Also das Ganze hat sich so blitzschnell abgespielt, dass ich dachte, dass ist ein zu schneller Film. Wo ich wieder im Bunker war, da hab ich mich teilweise gefreut, dass ich wieder meine Ruhe hatte. Hauptsache, den ganzen Stress vergessen und dann kann man wieder neu überlegen. Mein Glück war auch, dass ich noch ein bisschen Drogen bei meiner Verhaftung dabei hatte, die die Polizisten nicht gefunden hatten, also Haschisch und das habe ich dann die ersten zwei Tage voll geraucht, das hat mich ziemlich beruhigt.

Also ehrlich gesagt, ich wollte eigentlich wieder ins Gefängnis und zwar aus dem Grund, weil meine Eltern und meine Freundin mir immer das Eine gesagt haben: Wie weit willst du eigentlich weglaufen, wie lange? Du kannst nicht dein ganzes Leben lang weglaufen. Ich war eigentlich teilweise froh, dass sie mich dann hatten, ich hatte schon keine Lust mehr, wegzulaufen.

Die letzte Zeit war schon hart für mich, ich war alleine, ich hab mich richtig beschissen alleine gefühlt bei der ganzen Weglauferei und dem Gefühl, gesucht zu werden. Geärgert hab ich mich nicht, dass ich wieder verhaftet wurde; ich hätte sogar noch beim Haftrichter fliehen könne, aber ich wollte schon nicht mehr. Jetzt hab ich wieder viel Zeit, dieses Mal schaff' ich's vielleicht. Dieses Mal, das dritte Mal, ist es anders; jetzt weiß ich genau, dass ich mit einer sehr langen Haftzeit zu rechnen habe. Die nächsten paar Jährchen bin ich auf jeden Fall hinter Schloß und Riegel.

Die Beamten kennen mich alle noch; die haben zu mir gesagt: Hallo, was machst du schon wieder hier, wieso und hast du es dieses Mal wieder nicht geschafft? Ja, ich hab‘s wieder nicht geschafft!

Von den guten Sachen von draußen, da träume ich schon nicht mehr, das ist weg, genauso wie eine Seifenblase, alles zerplatzt. Es ist weg, man stellt sich jetzt drauf ein, die Zeit ist vorbei, okay, man phantasiert vielleicht noch ein paar Mal, aber es ist alles Vergangenheit. Jetzt stellt man sich schon eher drauf ein, ein ruhigeres Leben zu führen

Foto: argus

Teil 3

Problemfolgen des Jugendstrafvollzuges und Konsequenzen

Angesichts der aktuellen Entwicklung im bundesdeutschen Jugendstrafvollzug und der Ausführungen der vorangegangenen Kapitel lässt sich als wichtigstes folgendes bilanzieren:

1). **es kommt heute wieder häufiger zur Anwendung von Jugendstrafe ohne Bewährung** und damit zu vermehrter Strafverbüßung in den Jugendstrafanstalten; zum Teil wird von dramatischen Zuwächsen der jugendlichen Gefangenenzahlen gesprochen.

2). dies führt zu **massiven Überbelegungen** in den Jugendstrafanstalten.

3). **das Durchschnittsalter der jungen Gefangenen sinkt wieder**, d.h. es wird wieder (altersmäßig) früher Jugendstrafe ohne Bewährung gerichtlich verhängt.

4). **die Problemgruppen unter den jungen Gefangenen nehmen deutlich zu**; in den alten Bundesländern sind dies inbesondere junge Spätaussiedler aus Russland und Drogenabhängige, in den neuen Ländern eher junge (rechtsorientierte) Gewalttäter.

5). **nirgendwo sonst gibt es eine solche Zusammenballung von besonders gefährdeten und schwierigen jungen Menschen wie im Jugendstrafvollzug** und „nirgends kann der Einfluss dissozialer Subkulturen so mächtig werden wie hier“ (13). Subkulturelle Auseinandersetzungen, also Unterdrückung, Erpressung, Gewalthandlungen zwischen einzelnen jugendlichen Gefangenengruppen und / oder untereinander gehören heute wieder mehr denn je zum jugendlichen Gefängnisalltag und prägen deren Insassen.

Solche Zustände können sich nur negativ und letztlich ungünstig auf die Gesamtentwicklung der jungen Gefangenen und ihre spätere gesellschaftliche Wiedereingliederung auswirken. Sie sind eigentlich nicht vereinbar mit den offiziellen Aufgaben des Jugendstrafvollzugs (§ 91 Jugendgerichtsgesetz: „Durch den Vollzug der Jugendstrafe soll der Verurteilte dazu erzogen werden, künftig einen rechtschaffenen und verantwortungsbewussten Lebenswandel zu führen...“). Die gegenwärtigen Zustände verunmöglichen in der Regel einen Erziehungsvollzug, der auf Differenzierung und Individualisierung ausgerichtet sein sollte. Dem „offiziellen Gefängnisprogramm“ (mit vorgesehener Schul-

und Berufsausbildung, sozialem Training, sozialtherapeutischer Behandlung, Förderung der sozio-moralischen Entwicklung) steht quasi ein „Schattenprogramm" (eigene Gesetze, Werte und Verhaltensmuster unter den Gefangenen, subkulturelle Förderung krimineller Strukturen) gegenüber.

So fragt zum Beispiel ein Anstaltsleiter: „Wie sollen unter solchen Umständen beispielsweise ältere Wiederkehrer von ganz jungen Erstverbüßern oder besonders durchsetzungsfähige Gefangene von sogenannten Opfertypen getrennt werden? Wie soll verhindert werden, dass ethnische Gruppierungen eine gefährliche Subkultur bilden, dass Schwächere unterdrückt werden, dass Aggressionspotentiale gesteigert werden...?" (14)

Gefängnis (als totale Institution und in seiner Prozesshaftigkeit) zementiert die innere und äußere Welt der jungen Gefangenen auf nachhaltige Weise und intensiviert kriminelle Denk- und Handlungsmuster, wo es doch laut offiziellen Vollzugszielen gerade das Gegenteil erreichen möchte.

Am Begriff „Prisonisierung" (nach Harbordt und Walter (15), d.h. der Anpassung des einzelnen Insassen an das Gesamtsystem Gefängnis wird gut ersichtlich, wie die Jugendlichen im Laufe ihrer Inhaftierung die Werte und Normen der Gefängnissubkultur übernehmen, um quasi zu „überleben" (die Mehrzahl als männliche „Macker", die ihre mitgebrachten kriminellen Fähigkeiten noch verfeinern, die Minderheit als Opfer oder Diener/Butler).

Begleitet wird dieser gefängnisinterne (Prisonierungs-)Prozess noch von dem subkulturellen, abweichenden Normen- und Wertesystem, welches viele jugendliche Gefangene quasi als Mitbringsel von außen aus ihrer Bezugsgruppe (z.B. Drogenszene, kriminelle Gangs u.ä.) mit hinein ins Gefängnis bringen.

Gefängnis bildet demnach einen doppelten Boden, auf dem Männlichkeit, Stärke, Dominanz, Gewaltanwendung, Erfüllung der Gefangenenormen, Hafterfahrung, und kriminelle Vorerfahrung zählen und andererseits Werte wie Einfühlungsvermögen oder Mitleid und „sauberes" Verhalten als Schwäche gelten und verpönt sind.

Dass der Jugendknast seine Insassen in der Regel eher noch krimineller werden lässt, zeigen alle Rückfall-Forschungen.

So soll die Rückfallquote bei Jungtätern, die nach verbüßter Haftstrafe neue Straftaten begehen, mindestens zwischen 60 – 80 % betragen;

die Rückfallqoute derer, die nach verbüßter Haftstrafe erneut inhaftiert werden, wird auf mehr als 50 % beziffert, d.h. mehr als die Hälfte kommt erneut ins Gefängnis. (16)

Viele immer wiederkehrende Passagen in den Berichten der Jugendlichen im Buch führen beispielhaft und deutlich vor Augen, in welcher Form der Aufenthalt in Jugendgefängnissen in aller Regel der beste Nährboden, die beste Schule für eine kriminelle Subkultur ist, in der sich gesellschaftlich erwünschte und auch notwendige positive Lern- und Entwicklungsmöglichkeiten bei den jungen

Inhaftierten, also Veränderungen und Resozialisierung, im allgemeinen nicht entfalten können.

Es ist in der Bilanz erschreckend, mit welch ernüchternder Dynamik und fast zwangsläufig gerade im Jugendvollzug neue Tätertypen produziert und alte intensiviert und dann wieder nach draußen entlassen werden. Realistischerweise wird man sicherlich nicht verkennen dürfen, dass es aber für diejenigen Täter, die wirklich schwerste Straftaten begangen haben – auch aus Opferschutzgründen – oft leider keine Alternative zum Gefängnis gibt.

Daneben gibt es auch eine kleine Zahl junger Inhaftierter, für die der Gefängnis-Alltag vielleicht erstmals ein Stück festen Rhythmus und Sicherheit in ihrem Leben bedeutet; bei einigen Drogenabhängigen kann die Erstinhaftierung in der Anfangszeit den Beginn einer Abstinenzphase darstellen, eine Distanz zum Kreislauf von Sucht und Verelendung; auch für andere kann der Schock einer Verhaftung durchaus einmal produktiv sein, sofern diese nur von sehr kurzer Dauer ist und dann schnell ein Neuanfang mit festen Perspektiven in Freiheit folgt.

Folgerungen

Neben einer vorbeugend wirkenden Sozial-und Bildungspolitik für (gefährdete) Kinder und Jugendliche müssen Veränderungen auf folgenden Ebenen stattfinden:

1. Im jugendrichterlichen Bereich:

Die jugendlichen Gefangenenzahlen haben ganz erheblich zugenommen. Dies kann nicht nur auf einen Anstieg schwerer Jugendkriminalität und auf demographische Veränderungen zurückgeführt werden, sondern ist vielmehr auch das Resultat der derzeitigen Verurteilungspraxis von Jugendrichtern (und Jugendstaatsanwälten mit ihren entsprechenden Strafanträgen).

Damit werden die Ziele der Jugendgerichtsgesetz-Reform von 1990, nämlich freiheitsentziehende Maßnahmen zugunsten von ambulanten Maßnahmen zurückzudrängen, nicht erfüllt. Dies muss wieder verändert werden. Jugendstrafe ohne Bewährung, d.h. das Weg- und Einsperren junger Straftäter und deren Massierung zusammen mit vielen anderen in Jugendgefängnissen darf und muss kriminalpolitisch und justizpädagogisch immer nur das wirklich letzte und schlechteste Strafmittel des Jugendgerichtsgesetzes sein.

Da Jugendstrafe (ohne Bewährung) zugleich auch die schwerwiegendste Sanktion im Gesetz ist (ultima ratio), darf sie im gerichtlichen Alltag nicht leichtfertig und inflationär – wie so oft – angewendet werden. Sie muss im Falle ihrer Anwendung stets einem strengen, fachlich fundierten und bewussten Prüfungs- und Begründungszwang unterworfen werden, der insbesondere die konkreten Verhältnisse in den jeweiligen Vollzugsanstalten mit ihren erzieherischen und sozialisierenden Wirkungen und ihren besonderen Belastungen für die Jugendlichen entscheidend mitberücksichtigt.

Zu wünschen ist, dass Jugendgerichte wieder behutsamer und zurückhaltender mit der Verhängung von Jugendstrafe sind und um deren nachgewiesene beschränkte erzieherische Wirkung wissen.

Es müssen gerade heute wieder mehr als bislang im gemeinsamen Ringen und Suchen mit allen Verfahrensbeteiligten geeignete Alternativen zur Jugendstrafe geprüft und angewendet werden.

Jugendstrafe ohne Bewährung muss auf diejenigen Täter beschränkt bleiben, die wirklich schwerste Straftaten begangen haben oder die als sehr gefährlich begutachtet wurden.

2. Im Strafvollzug selbst:

Neben dem Zurückdrängen von Jugendstrafen muss sich der Jugendstrafvollzug selbst verändern. Bis heute gibt es – im Unterschied zum Erwachsenenstrafvollzug – kein eigenes Jugendstrafvollzugsgesetz, sondern lediglich 3 Vorschriften im JGG. Dies veranlasste z.B. das Amtsgericht Herford vom April 2001, den Jugendstrafvollzug als „politisches Desaster“ und als „politischen Konkurs“ zu kritisieren (17).

Dem Jugendstrafvollzug mangelt es – wie Philipp Walkenhorst anmerkt (18) – an einer eigenen (pädagogisch ausgerichteten und vom Erwachsenenvollzug unterschiedenen) Identität, die es zu entwickeln gilt. Daneben bedarf es der Festschreibung von fachlichen Standards im Jugendstrafvollzug.

Jeder inhaftierte Jugendliche sollte neben schulisch-beruflichen Qualifizierungen ein soziales Trainingsprogramm durchlaufen (ggfs. Anti-Gewalt-Kurse oder auch eine bedarfsgerechte Drogenberatung); die entsprechenden Sozialdienste müssten deshalb personell und fachlich aufgerüstet werden, auch um Entlassungen rechtzeitig zu planen und vorzubereiten und zu beschleunigen.

Der Ausbau des offenen und gelockerteren Vollzugs sowie kleinere Gefängniseinheiten müssten vorangetrieben werden.

Daneben müssen neue Gefängnismodelle wie das in Baden-Württemberg geplante „Projekt Chance“(19) realisiert werden, in dem etwa 15 jüngere Jugendstrafgefangene für circa ein Jahr ein intensives soziales Trainingsprogramm in einem Art Internat der Jugendhilfe durchlaufen sollen in enger Anbindung an die betriebliche Wirtschaft mit späterer Ausbildungsgarantie.

3. Im Bereich Jugendhilfe:

Ambulante und stationäre Maßnahmen aus dem Bereich der Jugendhilfe (Betreuungen, intensive sozialpädagogische Einzelbetreuung, Arbeits-und Wohnprojekte) müssen verstärkt und phantasievoll entwickelt bzw. vorgehalten werden und dann auch vorrangig im Sinne des Gesetzgebers und offensiv in der

Praxis zur Anwendung kommen, damit Untersuchungshaft und Inhaftierung bei Jugendlichen, wo es möglich ist, vermieden und Entlassungen beschleunigt werden können.

Eine sich auf Sparzwänge berufende restriktive Jugendhilfe-Politik muss sich klar darüber sein, dass auch Haftplätze sehr viel Geld kosten und zwar durchaus vergleichbar mit den Angeboten der Jugendhilfe (die Einrichtung eines neuen Haftplatzes kostet rund 150.000 Euro, ein Tag in der Zelle pro Häftling rund 100 Euro (20).

Jugendhilfe in Strafverfahren muss sich auch selbstkritsch hinterfragen, ob sie sich in der Praxis nicht immer noch viel zu viel um Bagatelltäter statt um Mehrfach- und Intensivtäter bemüht und hier wertvolle personelle und fachliche Ressourcen verschwendet *), die dann bei der Arbeit mit gefährdeten und von Jugendstrafe bedrohten Jugendlichen fehlen. Häufig werden diese Jugendlichen im Beratungsprozess auch zu schnell aufgegeben und die Arbeit mit ihnen wird nicht immer engagiert und konzertiert genug vorangetrieben.

In der behördlichen Jugendhilfepraxis ist vielerorts bei den Mitarbeitern eine Mentalität der Nicht-Zuständigkeit verbreitet. Im Geflecht der real existierenden verschiedenen Helfersysteme fällt der Klient dann gerne durch die Maschen dieses Netzes. Interdisziplinäre Helferkonferenzen, Hilfeplangespräche (wie sie im Kinder-und Jugendhilfegesetz verankert sind) müssen gerade bei einem von Jugendstrafe bedrohten Klientel und später bei allen Fragen der Haftentlassung wieder ins Zentrum des beruflichen Planens und Handelns rücken.

Jugendhilfe mit ihren allgemeinen und besonderen Diensten könnte und sollte in diesen Fällen mehr als bislang die Kooperation suchen und je nach Bedarf beispielsweise mit den betreffenden Lehrern an Schulen, mit Eltern, Bewährungshelfern, externen Beratungsdiensten, dem Sozialdienst im Vollzug u.ä. wirkungsvolle Beratungs- und Hilfeangebote für die gefährdeten Jugendlichen entwickeln und mit den Betroffenen umsetzen.

Im Alltag der Jugendhilfe in Strafverfahren ist eine noch längst nicht ausgeräumte, teilweise ganz erhebliche Diskrepanz zwischen Theorie und Praxis feststellbar, zwischen gesetzlichem Überbau (KJHG, JGG*) und progressivliberalen Fachdiskussionen (etwa in der DVJJ*) auf der einen Seite und ande-

---

*) Beispiel: Jugendliche „Mofafrisierer" (Fahren ohne Fahrerlaubnis) werden häufig und vielerorts mit einem ganzen Netz von Interventionen überzogen, die sicher jede für sich wirkungsvoll und alleine meist ausreichend wären – sofortige Vor-Ort-Intervention durch Polizei, Benachrichtigung der Eltern und dann zumeist Elterngespräch, erzieherisches Gespräch auf dem Jugendamt (Diversion) und Teilnahme an einem polizeilichen Verkehrsunterricht, ggfs. dann noch drohende Angst durch Führerscheinbehörde. Diesen 4 Interventionen steht bei Mehrfach/Intensivtätern oftmals kein oder nur wenige Kontakte gegenüber: Er wird erst spät nach der Tat ermittelt, die Eltern kommen nicht mit zur polizeilichen Vernehmung, er selbst erscheint nicht bei der Jugendgerichtshilfe usw.

rerseits einer gewissen, in Routine und Ignoranz erstarrten Berufsträgheit so mancher Sozialarbeiter. Diese gilt es weiter abzubauen.

Die angeführten und in den jeweiligen Fachkreisen noch ergänzungsfähigen Beispiele und Bereiche bedürfen zum Teil einer gesetzlichen Verankerung; die anstehende Reform des Jugendstrafrechtes bietet hierzu eine neue Chance, entsprechende Vorschläge gibt es bereits von der zweiten Jugendstrafrechtsreform-Kommission.

Abschließend soll nicht versäumt werden, auch jetzt schon auf bereits bestehende vorbildliche Ausnahmen im Bereich des Jugendstrafvollzuges hinzuweisen.

So gibt es immer wieder einzelne Haftanstalten mit kriminalpolitischen Reformprojekten, einzelne mutige Anstaltsleiter, freundliche Stockwerksbeamte, engagierte Werkstattmeister, Lehrer und Sozialarbeiter, die mit großem Bemühen, Sachverstand und Freundlichkeit an einer gelingenden Resozialisierung der jugendlichen Gefängnisinsassen arbeiten, zu der diese aber auch ihren eigenen Teil beizutragen haben.

Einige von ihnen schaffen es dann, beispielsweise mit einem im Gefängnis erlangten Schul- oder Berufsabschluss ihre Zukunft außerhalb der Gefängnismauern wieder positiv anzugehen.

(*) KJHG = Kinder-und Jugendhilfegesetz
JGG = Jugendgerichtsgesetz
DVJJ = Deutsche Vereinigung für Jugendgerichte u. Jugendgerichtshilfen

Foto: David Weipert

Über die jugendlichen Autoren

Alle inhaftierten Jugendlichen, die sich im Buch mit ganz unterschiedlichen Beiträgen beteiligt haben, haben ihre jeweils individuelle Geschichte und Persönlichkeit; auch ihr weiterer Weg wird sicherlich zum Teil recht unterschiedlich verlaufen.

Aus Datenschutzgründen können sie hier nicht persönlich vorgestellt werden. In einem Überblick sollen einige wichtige Angaben über sie zusammengefasst werden.

Gesamtzahl und Alter: Insgesamt haben sich 14 junge Straftäter, die derzeit (2002) in Haft sind, beteiligt. Sie sind zu diesem Zeitpunkt im Alter zwischen 17 und 22 Jahren (Durchschnittsalter 19 Jahre); unter den 14 ist eine junge Frau dabei.

Herkunft/Nationalität: 40 % von ihnen sind Deutsche, 30 % Aussiedler aus Russland und 30 % hier in Deutschland geborene Ausländer.

Haftdauer/Rückfall: Bei der Hälfte von ihnen ist es die erste Inhaftierung, 20 % sind zum zweiten Mal im Gefängnis und 30 % verbüßen bereits zum dritten Mal in ihrem doch recht jungen Alter eine Gefängnisstrafe (wobei einer von ihnen mit 15 Jahren zum ersten Mal eingesperrt wurde).

Ihre Rückfälle durch erneute und dann zumeist schwerere Straftaten ereigneten sich in der Regel nach recht kurzen Intervallen und führten zu erneuter Inhaftnahme.

Allein während dieses Buchprojektes und unserer Zusammenarbeit im Gefängnis wurden 3 von ihnen, die danach entlassen wurden, in kürzester Zeit wieder rückfällig und verhaftet; einer wegen einer ganz erheblichen Straftat, die zu gegebener Zeit beim Landgericht verhandelt und wohl mehrere Jahre Haftstrafe bringen wird; einer wurde auf Drogentherapie entlassen, die er dann abgebrochen hat, einer wurde mit Heroin wieder rückfällig und beging einige kleinere Diebstähle (Beschaffungskriminalität).

Ihre jeweils aktuell zu verbüßenden Gefängnisstrafen sind von sechs Monaten bis zu fünf Jahren bemessen; die Durchschnittsstrafe von ihnen beträgt zwei Jahre und drei Monate.

Grund der Inhaftierung: Das Delikt, das juristisch gesehen schwerpunktmäßig zur Verurteilung und Verhaftung geführt hat, ist in etwa 40 % der Fälle ein Gewaltdelikt gewesen (wobei hiervon lediglich 2 eine klassische Körperverletzung und 3 Raubdelikte waren), in 30 % führten Eigentumsdelikte zur Verhaftung und in 30 % Verstöße gegen das Betäubungsmittelgesetz. Mehrheitlich gab es aber auch – häufig unerkannte – Überschneidungen und Mischformen.

Suchtabhängigkeit: 60 % von ihnen waren unmittelbar vor bzw. bei ihrer Inhaftierung im klassischen Sinne als Heroinkonsumenten drogenabhängig, die anderen regelmäßige Alkohol- und /oder Canabiskonsumenten, mit Ausnahme eines einzigen.

Familiärer Hintergrund: 60 % stammen aus vollständigen Familien mit Vater, Mutter und teilweise Geschwistern, 40 % aus Scheidungsfamilien und dann immer mit vollständig abgerissenen Kontakten zu ihren Vätern.

In fast allen Fällen handelt es sich um Arbeiterhaushalte mit einfachem bis mittlerem sozialen Status; lediglich in 2 Fällen waren die alleinerziehenden Mütter arbeitslos bzw. Sozialhilfeempfängerin. 2/3 der Jugendlichen lebten zuletzt noch mehr oder weniger regelmäßig zuhause, 1/3 war bei Freunden untergetaucht oder hatte eine eigene Bleibe.

Schulisch beruflicher Stand: Von den inhaftierten Jugendlichen haben 60% weder einen Schul- noch Berufsabschluss, 30 % haben einen Hauptschulabschluss, aber dann die anschließende Lehre abgebrochen, 10% verfügen sowohl über einen Hauptschul- als auch Berufsausbildungsabschluss. Zum Zeitpunkt ihrer Verhaftung waren 80 % ohne Arbeit und Schule.

Entwicklungsgeschichtliche Auffälligkeiten: In den Biographien aller 14 Fälle – mit Ausnahme eines einzigen – gab es in ihrem Werdegang bereits vor Beginn ihrer Straftaten ein Geflecht von Entwicklungsbesonderheiten, die – beim einen mehr, beim andern weniger – sei es als Einzelphänomen oder sich einander bedingend, prägend waren:

Trennungs- und Scheidungserfahrung innerhalb der Familie; Erziehungsstile, die entweder autoritär (und schlagend) und zum Teil dogmatisch religiös oder recht schwach akzentuiert (laissez-faire) waren;

Elternteile, die allesamt in der Regel hilflos, mit eigenen Dingen beschäftigt und meist nicht in der Lage waren, den Entwicklungsprozess ihrer Kinder fördernd und erzieherisch aktiv zu begleiten.

Bei fast allen kam es im frühen Jugendalter zu teils erheblichen schulischen Auffälligkeiten (Hyperaktivität, auffälliges Sozialverhalten, Klassenwiederholungen, Schulversagen bis hin zu Abgängen); bei so gut wie allen zeichnete sich spätestens im Alter von etwa 12, 13 Jahren eine deutliche innere Abwendung und äußere Entfernung vom Elternhaus ab und eine Hinwendung zu jugendlichen Randgruppen und Cliquen von Gleichgesinnten (peergroups), mit denen man fast ausschließlich herumhing oder streunte und dann erste und auch intensive Erfahrungen mit Straftaten und Drogen sammelte, gleichzeitig aber auch emotionale Sicherheit und Zugehörigkeit fand.

Auffallend ist – im Vergleich zu den im Jugendalter sonst durchaus entwicklungsüblichen Abnabelungen von zuhause – mit welcher Intensität und Ausschließlichkeit sich zumindest 11 der 14 Jugendlichen so früh in ihre jeweilige Szene bewegten und sich mehr und mehr dem Einfluss gängiger gesellschaftlicher Institutionen entzogen. Etwas mehr als die Hälfte von ihnen wurde zeitweise durch Angebote der Jugendhilfe betreut, sei es in Form stationärer

Maßnahmen (Jugendheime, Betreutes Wohnen) oder ambulanter Hilfen (erzieherische Betreuungen), die nach einiger Zeit aber alle vorzeitig und offensichtlich erfolglos abgebrochen wurden.

Obwohl es sich bei den 14 hier zu Wort gekommenen Jugendlichen um zufällig ausgewählte Inhaftierte handelt, lassen sich die über sie gemachten vorangegangenen Angaben im Vergleich mit der sonstigen jugendlichen Gefangenen-Population (siehe Teil 1) in fast allen Bereichen (Alter, Geschlecht, Abstammung, Delikt, Bildung usw.) durchaus verallgemeinern.

Unser Lebenswerk

Michelangelo wurde einmal gefragt, wie es käme, dass er so wunderbare Werke schaffen könne.

„Es ist ganz einfach", antwortete er. „Wenn ich einen Marmorblock betrachte, sehe ich die Skulptur darin. Ich muss nur noch das entfernen, was nicht dazugehört."

Der Meister sagt: „In jedem von uns steckt ein Werk, das darauf wartet, geschaffen zu werden. Es ist der Mittelpunkt unseres Lebens, und wenn wir uns auch noch so sehr betrügen, so wissen wir doch, wie wichtig es für unser Glücklichsein ist.

Meist ist dieses Kunstwerk unter jahrelangen Ängsten, Schuldgefühlen und Unentschlossenheit verschüttet. Doch wenn wir beschließen, alles wegzuräumen, was nicht dazu gehört, wenn wir nicht an unseren Fähigkeiten zweifeln, dann können wir die Aufgabe erfüllen, die uns bestimmt wurde. Dies ist die einzig mögliche Art, ehrenhaft zu leben."

(Paulo Coelho – Unterwegs)

Quellenangaben

1. Prof. Dr. Christian Pfeiffer, Kriminologisches Forschungsinstitut Niedersachsen, in: Forum Neue Kriminalpolitik 1/99, S. 10
2. Michael Wandrey: „Jugendsozialarbeit zwischen Prävention und Krisenintervention", S. 59 ff. in: Kinder-und Jugenddelinquenz in Bad.-Württb., Workshop des Sozialministeriums vom 26.01.99
3. Statistisches Bundesamt, Strafverfolgung, 1997
4. Jugendgerichtsgesetz (JGG) mit Kommentar von Diemer / Schoreit / Sonnen 1999, S. 228
5. Frieder Dünkel & Sabine Lang: statistische Strukturdaten, S. 21 in: Jugendstrafvollzug in Deutschland" v. M. Bereswill & Th. Höynck (Hrsg.), 2002
6. Angaben des statistischen Bundesamtes Wiesbaden, Fachserie 10, Reihe 4.1
7. 41 Haftanstalten lt. Bundesministerium der Justiz, Vollstreckungspläne der Länder vom 30. 9. 2000 bzw. 44 Haftanstalten lt. „Jugendstrafvollzug in Deutschland" v. Bereswill & Höynck, S. 359
8. Bundesministerium der Justiz (Stichtag 31.01.01)
9. Dünkel & Lang, S. 32 in: „Jugendstrafvollzug in Deutschland"
10. Untersuchung der JVA Adelsheim, 2001
11. Ch. Pfeiffer u.a. in: DVJJ-J2/1999, S.185
12. J. Schubert: „Der Jungtätervollzug in Niedersachsen", S. 291 (Erhebung der JVA Vechta von 1/2002) in: Bereswill & Höynck (Hrsg.)
13. Rössner, 1988, S. 429 in: EKD 1990, S. 116 und Ph. Walkenhorst, S. 247 in: DVJJ-J 3'99 (Nr. 165)
14. Joachim Walter, Anstaltsleiter der JVA Adelsheim, S. 129 in: DVJJ-J 2'2002 (Nr. 176)
15. J. Walter, S. 195 in: Bereswill & Höynck
16. Ulrich Eisenberg, S. 220 in: Jugendgerichtsgesetz-Kommentar 1993
17. B. R. Sonnen, S. 64 in: Bereswill & Höynck
18. Philipp Walkenhorst in: DVJJ-Journal 3/2002 (Nr.177), S. 290
19. Stuttgarter Zeitung vom 14.05.02, S. 8 und im Internet unter: www. projekt-chance.de
20. Stuttgarter Zeitung vom 26. 9. 2002, S. 11 (Interview mit Anstaltsleiter J. Walter)

Weiter Literaturangaben

Bettinger, F. & Mansfeld, C. (Hrsg.): Gefährdete Jugendliche? Jugend, Kriminalität und der Ruf nach Strafe. Leske & Budrich, 2001

BMJ / Dölling, D. (Hrsg.): Täter-Opfer-Ausgleich in Deutschland. Bestandsaufnahme und Perspektiven. Bonn 1998

Colla, H., Scholz, C., Weidner, J. (Hrsg.): Konfrontative Pädagogik. Das Glen Mills Experiment. Forum, 2001

DVJJ (Hrsg.): Kinder und Jugendliche als Opfer und Täter. Prävention und Reaktion. Dokumentation des Deutschen Jugendgerichtstages 1998.
Forum, 1999

DVJJ (Hrsg.): Sozialer Wandel und Jugendkriminalität. Neue Herausforderungen für Jugendkriminalrechtspflege, Politik und Gesellschaft. Forum, 1997

DVJJ / Dölling, D. (Hrsg.): Auffällige Kinder und Jugendliche im Spannungsfeld zwischen Erlebnispädagogik, geschlossener Unterbringung und Therapie. 1999

DVJJ / Dölling, D. (Hrsg.): Entwicklungen und Perspektiven der Jugendstrafrechtspflege. 2000

DVJJ-Journale; kriminologische Fachzeitschriften der Deutschen Vereinigung für Jugendgerichte und Jugendgerichtshilfen, 30161 Hannover, Lützerodestr. 9

Eisenberg, U.: Jugendgerichtsgesetz mit Kommentar. Beck, 1995.

Flügge, C., Maelicke, B. & Preusker (Hrsg.): Das Gefängnis als lernende Organisation. Ein Handbuch. Nomos, 2001

Klier, Brehmer, Zinke: Jugendhilfe im Strafverfahren, Jugendgerichtshilfe. Walhalla, 1995

Laubenthal, K.: Jugendgerichtshilfe im Strafverfahren. Heymanns, 1993

Ostendorf, H.: Das Jugendstrafverfahren. Eine Einführung in die Praxis. Heymanns, 2001

Schaffstein, F. & Beulke, W.: Jugendstrafrecht. Kohlhammer, 1998

Schmitz, J.: Schuldig oder verführt ? Jugend vor Gericht. Luchterhand, 1998

Schwendter, R.: Theorie der Subkultur. Europäische Verlagsanstalt, 1993

Trenczek, T. (Hrsg.): Freiheitsentzug bei jungen Straffälligen. Die Situation des Jugendstrafvollzugs zwischen Reform und Alternativen. Bonn, 1993

Walter, M.: Jugendkriminalität. Eine systemathische Darstellung. Boorberg, 2001

Weidner, J., Kilb, R., Kreft, D. (Hrsg.): Gewalt im Griff. Neue Formen des Anti-Aggressions-Trainings. Weinheim/Basel, 1997

➲ *Böhmer, Mechthild*
Forensische Psychotherapieforschung: Eine Einzelfallstudie
Studien und Materialien zum Straf- und Maßregelvollzug, Band 14, 2001, 140 Seiten, ISBN 3-8255-0336-4, 20,35 €

Neu! Neu!
➲ *Borchert, Jens*
Erziehung im DDR-Strafvollzug
Theoretische und gesetzliche Grundlagen
sowie die Durchführung in der Strafvollzugseinrichtung Torgau
Beiträge zu Kriminologie und Strafrecht, Band 1, 2002, 150 S.,
ISBN 3-8255-0388-7, € 21,90

➲ *Bundesarbeitsgemeinschaft der Lehrer im Justizvollzug (Hg.)*
Justizvollzug & Pädagogik. Tradition und Herausforderung
Studien und Materialien zum Straf- und Maßregelvollzug, Band 9, 2. Auflage 2001, 200 S.,
ISBN 3-8255-0270-8, 20,35 €

Neu! Neu!
➲ *Giefers-Wieland, Natalie*
Private Strafvollzugsanstalten in den USA.
Eine Perspektive für Deutschland?
Studien und Materialien zum Straf- und Maßregelvollzug, Bd. 18 , 2002, 246 S.,
ISBN 3-8255-0383-6, ca. 25,– €

Neu! Neu!
➲ *Henninger Susanne*
Nichtdeutsche Beschuldigte im Jugendstrafverfahren
Beiträge zu Kriminologie und Strafrecht, Band 2, 2003, 420 S.,
ISBN 3-8255-0386-0, ca. 33,- €

➲ *Lösel, Friedrich / Pomplun, Oliver*
Jugendhilfe statt Untersuchungshaft.
Eine Evaluationsstudie zur Heimunterbringung
Studien und Materialien zum Straf- und Maßregelvollzug, Band 7, 1998, 196 S.,
ISBN 3-8255-0247-3, 30,58 €

➲ *Mandt, Brigitte*
Die Gefährdung öffentlicher Sicherheit durch Entweichungen aus dem geschlossenen Strafvollzug. Eine empirische Untersuchung am Beispiel des Landes Nordrhein-Westfalen in den Jahren 1986 – 1988
Studien und Materialien zum Straf- und Maßregelvollzug, Band 12, 2001, 350 S.,
ISBN 3-8255-0321-6, 30,58 €